애쓰기를 멈출 때 바뀌는 것들

애쓰기를 멈출 때 바뀌는 것들

마음의 작동원리

조남철 지음

처음북스

마음을 들여다보게 하고
진정한 변화의 원천을 찾게 하는 책

— 고현숙(국민대 교수, 코칭경영원 대표코치)

타인의 마음을 알아준다는 것은 얼마나 귀중하고 놀라운 일인가. 나 자신의 감정을 깊이 들여다보고, 이해하고 공감해 주는 것은 또 얼마나 가치 있는 일인가. 이 책을 읽고 나면 타인에 대한 공감과 나 자신에 대한 이해와 수용, 이 두 가지의 뿌리는 결국 하나임을 알게 된다. 쉽게 쓰였지만 정말 의미심장한 책이다. 자신에 대한 수용과 이해 없이 타인을 공감하고 제대로 코칭할 수는 없다고, 감히 주장해 본다.

행동경제학에서는 사람이 합리적이고 이성적인 존재가 아니라, 감정에 의해 의사결정을 한다는 것을 입증한다. 그렇다면 감정은 어디에서 왔는가? 같은 상황이라도 사람들은 다르게 반응한다. 감정이 다르기 때문이다.

남편이 정성 들여 요리하고 플레이팅하는 모습을 보면 고맙고 좋은 게 아니라, 괜히 짜증 난다는 아내가 있다. 어렸을 적 완벽주의 성향의 엄마 밑에서 자라면서, 잘하려 하는 것이 유발하는 과도한 긴장과 혼난 경험을 상처로 갖고 있기 때문이었다. 상처받은 내면 아이가 그녀의 마음 속에서 반응한 것이다. 직장에서 상사로부터 기획안이 부족하다는 피드백을 받고서는 무시당했다고 무너지는 사람도 있다. 마음 속 수치심이 자극받았기 때문이다.

이 책은 교류분석이 말하는 바대로, 우리 마음 속에는 내면아이, 성인자아, 그리고 부모자아라는 세 마음이 존재한다는 걸 설명해 준다. 중요한 것은 그 세 존재 중에서 누가 의식의 방에서 주도권을 갖고 있느냐고 말한다.

가족 관계, 친구 관계, 직장 내의 관계에서 일상적으로 우리가 느끼는 감정들도 뿌리가 있다. 특히 수치심과 불안과 분노 같은 감정은 보통 의식 밑에 숨겨져 있다. 보이지 않는 이런 강한 감정 때문에 우리는 타인을 비난하거나, 책임을 회피하고, 혹은 스스로를 고립시켜 버린다. 이런 까닭에, 단순한 기술적 행동변화가 아니라 잠시 멈추고 자신의 감정을 바라보며 이해하고 그런 다음 새롭게 선택하라는 것이다.

이 책의 덕목은 이런 점을 주위의 흔한 사례를 통해 너무 잘 보여 주는 것이다. 읽으면서 많은 깨달음을 얻게 된다. 자기 내면을 깊이 들여다볼 줄 아는 것, 감정에 휘둘리지 않고 먼저 마음을 알아차리는 것, 이것은 우리가 더 나은 사람이 되는 데만 작용하지 않는다. 성숙한 부모가 되는 데, 유능한 리더가 되는 데, 숙련된 코치가 되는 데에도 너무나 중요한 개인 기초다. 성인의 진정한 발달과 성숙은 이 책이 주는 이런 깨달음을 자주 갖는 데 있을 것이다. 자신을 성장시키고자 하는 모든 이들에게 강력 추천한다.

이 책은 우리의 마음을
위로해 준다

— 김종명(닉스 사장, 한국리더십센터 교수, 국민대 경영대학원 겸임교수 역임)

책을 잡는 순간 손에서 놓을 수가 없었다. 내 어린 날의 불안과 젊었을 때의 좌충우돌, 그리고 살아가면서 겪었던 갈등들에 대한 이야기들이 고스란히 이 책에 담겨 있었기 때문이다. 다음 내용이 무엇일지 궁금해하면서 단숨에 읽어 내려갔다. 내 어린 날들을 회상하면서 무릎을 탁 치기도 했고, 젊은 날의 갈등을 떠올리며 깊은 한숨을 내쉬기도 했다. 내 젊은 날의 불안과 갈등이 미성숙함 때문이 아니라, 그 시기에는 그게 나를 지키기 위해 필요했던 '생존 전략'이었다는 저자의 말은 큰 위로가 됐다.

이 책을 읽으면서 그동안 갈등을 겪었던 많은 사람들이 생각났다. '아하! 그 사람이 그래서 그랬구나!'하고 공감이 됐다. 동시에 '그때 내가 이런 내용을 알고 있었더라면 더 성숙하게 대처할 수 있었을 텐데…….' 하는 아쉬움이 밀려왔다.

저자는 약 20여 년 동안 코칭하고 강의하면서 갈고 닦은 내공을 '마음이 성숙해지는 다섯 단계 ARISE'라는 공식으로 이 책에 녹여 냈다. 이는 인간의 내면이 어떻게 발전해 가는지에 대한 간결하면서도 깊이 있는 통찰이다.

이 책을 읽는 내내, 정말 변하고 싶은데 갖은 노력을 다해도 변하지 않는 어떤 사람이 떠올랐다. 이 ARISE 공식을 통해 그 사람을 돕고 싶다는 마음이 간절하게 들었다. 독자들도 이 공식을 따라서 자신의 마음을 탐구해 가다 보면, 그동안 그렇게 변하려고 노력해도 변하지 않던 것들이 자연스럽게 변화하고 치유되는 놀라운 경험을 할 수 있을 것이다.

　저자는 ‘내면아이, 부모자아, 성인자아’의 개념을 통해 마음의 구조에 대한 깊이 있는 통찰을 제공하고 있다. 그리고 ‘전이와 투사, 투사적 동일시’ 등의 어려운 심리학 용어를 실제 사례를 통해 알기 쉽게 설명하고 있다. 이를 통해 우리는 자신의 마음을 잘 이해할 수 있고, 대인관계에서 일어나는 갈등에 대해 지혜롭게 대처할 수 있는 방법을 알게 될 것이다.

　이 책을 관통하고 있는 ‘성장은 새로운 사람이 되는 것이 아니라, 성인자아가 중심을 회복하는 과정이다. 애쓰기를 멈출 때 오히려 바뀐다.’는 저자의 메시지는 관계에서 상처를 받고 있는 우리에게 큰 위로를 준다.

　드라마 〈나의 아저씨〉 속 ‘정희네 집’ 이야기처럼, 누구도 나를 판단하지 않고, 있는 그대로의 못난 모습까지도 따뜻하게 받아들여지는 그런 세상이 되었으면 좋겠다는 저자의 소망은 이 책 전체에 잘 녹아 있다. 우리는 ‘바뀌어야만 사랑받는 존재’가 아니라 ‘이미 있는 그대로 충분한 존재’라는 저자의 메시지가 가슴 뭉클하게 다가온다.

　이 책을 통해 자신의 마음뿐만 아니라, 다른 사람들의 마음도 잘 이해하는 방법을 터득할 수 있을 것이다. 모쪼록 이 책이 널리 읽혀서 많은 사람들이 지금보다 조금이라도 더 행복해지기를 소망한다.

마음의 작동을
이해한다는 것

우리는 누구나 저마다의 고통을 안고 살아갑니다. 어떤 날은 아침에 눈을 뜨는 것조차 버겁고, 밤이 되면 나도 모르는 불안이 밀려옵니다. 끊임없이 무언가를 증명해야 할 것 같고, 비교와 경쟁 속에서 매일 조금씩 소진되어 갑니다.

가까운 사람에게 상처받고, 이해받지 못했다는 외로움에 시달립니다. 직장에서는 인정받고 싶은 마음과 좌절 사이를 오가고, 가정에서는 사랑하는 사람에게 왜 이렇게 화가 나는지 자신도 이해하기 어려울 때가 있습니다.

너무도 빠르게 변화하는 세상, 불확실한 미래, 고립되어 가는 관계, 개인에게 요구되는 높은 수준의 기대. 그 속에서 우울, 불안, 분노, 외로움, 무력감 같은 감정들은 어느새 현대인의 일상이 되었습니다.

어떤 사람들은 이 고통을 안으로 향하게 합니다. 작은 실수에도 자책하고, 무기력에 빠지고, 관계를 회피합니다. 자신을 가치 없는 존재로 여기며, 세상을 자신이 실패할 수밖에 없는 적대적인 곳이라 믿습니다. 새로운 시도를 두려워하고, 깊은 관계를 맺기 어려워합니다.

어떤 사람들은 이 고통을 밖으로 향하게 합니다. 작은 일에도 쉽게 화를 내고, 상대의 말을 공격으로 받아들이며, 늘 경계 태세를 갖추고 삽니다. 가까운 사람에게 상처를 주고, 자신도 상처받는 고통이 관계 속에서 되풀이됩니다.

하지만 대부분의 사람들은 왜 이런 패턴이 반복되는지 알지 못합니다. 자신의 마음이 어떻게 작동하는지—감정이 어떻게 형성되고, 생각이 어떻게 행동으로 이어지며, 과거의 경험이 현재의 반응을 어떻게 만드는지—이해하지 못한 채 마음에 끌려다니며 살아갑니다. 아무리 노력해도 나아지는 것 같지 않고, 같은 갈등이 반복되며, 결국 지쳐서 체념하기도 합니다.

"사람은 원래 안 바뀌어.", "나는 원래 이런 사람이야.", "이번 생은 망했어."

그런데 이상한 일입니다. 똑같은 고통 속에서도 어떤 사람들은 조금씩 달라집니다. 관계가 회복되고, 감정이 안정되며, 삶이 가벼워집니다. 특별히 더 의지가 강하거나 방법을 찾았거나 환경이 좋아서가 아닙니다. 단지 자신의 마음이 작동하는 원리를 이해했을 뿐입니다.

이 책이 당신에게 드리고 싶은 것

이 책은 당신의 마음이 작동하는 방식을 이해하도록 돕습니다. 왜 같은 갈등이 반복되는지, 왜 가까운 사람에게 더 상처받는지, 왜 애쓸수록 관계가 멀어지는지 그 구조를 이해할 때, 변화는 바꾸려 하지 않아도 자연스럽게 찾아옵니다. 상한 감정이 쉽게 가라앉고, 갈등이 생겨도 마음에 찌꺼기가 남지 않습니다. 흔들려도 빠르게 회복할 수 있는 안정감이 생기고, 고립에서 벗어나 다시 사람들과 연결됩니다. 크게 애쓰지 않아도 원하던 변화가 찾아옵니다.

오랜 기간 저는 다양한 배경의 많은 분들과 깊은 만남을 이어 올 수 있었습니다. 짧게는 한두 번의 대화로 끝나기도 했지만, 길게는 수년에 걸쳐 함께한 여정도 많았습니다. 그 모든 시간은 코치로서뿐 아니라, 한 인간으로서도 큰 배움이 되었습니다.

이 책은 그 만남과 성장의 기록입니다. 각색과 편집을 거쳤지만, 이야기 속 감정과 갈등, 깨달음과 전환은 모두 실제 삶에서 비롯되었습니다. 자신의 경험을 기꺼이 나누도록 허락해 주신 분들께 깊이 감사드립니다. 그분들이 살아온 인생과 진심이 이 책의 가장 단단한 토대가 되었습니다.

이제, 당신의 마음을 이해하는 여정을 시작합니다.

5단계 셀프 체크

나는 지금 어디쯤 서 있을까

여정을 시작하기 전, 현재 나의 위치를 확인합니다.

이 체크는 당신을 평가하거나 분류하기 위한 테스트가 아닙니다. 지금 이 시점에서 당신의 에고(자아)가 어떤 방식으로 반응하고 있는지 알아차리기 위한 나침반입니다.

- 한 단계에만 체크하지 않아도 괜찮습니다.
- 우리는 상황과 관계에 따라 여러 단계를 오가며 살아갑니다.
- 가장 많이 체크한 단계는 '당신의 수준'이 아니라, 현재 삶이 당신에게 요구하고 있는 성장의 자리일 수 있습니다.

각 문장을 읽고, '요즘의 나에게 자주 해당된다'고 느껴지는 항목에 체크해 보세요.

[1단계] **자동반응** 감정·생각·행동이 분리되지 않은 상태: '감정 = 나'로 동일시된 단계

- ☐ 감정이 올라오면 왜 그런지 생각하기 전에 말이나 행동이 먼저 나간다.
- ☐ '왜 이렇게까지 화가 났지?' 하고 나중에 후회하는 일이 잦다.
- ☐ 특정한 말이나 상황에 유난히 강하게 반응하고, 그 이유를 설명하기 어렵다.

☐ 관계에서 비슷한 갈등이 반복되지만, 매번 상황 탓이라고 느껴진다.

이 단계는 잘못된 상태가 아닙니다. 아직 내면의 구조를 '보기 전'의 자연스러운 출발점입니다.

2단계 자기인식 "아, 내가 이렇게 반응했구나." 하며 나 자신을 보기 시작: 반응한 뒤에 알아차리게 됨

☐ 감정이 폭발한 뒤에야 '내가 방어했구나.' 하고 알아차린다.

☐ 반응하고 난 뒤, 스스로를 돌아보는 시간이 생겼다.

☐ '지금 이 감정은 조금 과한 것 같아.'라고 느끼는 순간이 있다.

☐ 내 반응이 늘 같은 패턴이라는 걸 어렴풋이 느낀다.

이 단계는 변화가 시작되는 문턱입니다. 스스로 알아차리게 되었다는 것 자체가 이미 중요한 성장입니다.

3단계 자기이해 왜 그런 반응을 하는지 알게 됨: 비난에서 이해로 이동하는 단계

☐ 지금의 감정이 과거 경험과 연결되어 있다는 통찰이 찾아온다.

☐ 특정 사람이나 상황이 유독 나를 건드리는 이유를 알 것 같다.

☐ 내 반응 뒤에 숨은 내면아이의 두려움이나 욕구가 보이기 시작한다.

☐ '그때는 그럴 수밖에 없었구나.' 하고 과거의 나를 이해하게 된 적이 있다.

이 단계에서 사람은 자신을 비난하는 대신, 이해하기 시작합니다. 내면아이를 만나는 자리입니다.

[4단계] **선택** 감정이 있어도 다른 반응을 고를 수 있음: 성인자아가 운전대를 잡기 시작한 단계

☐ 감정이 올라와도 바로 반응하지 않고 한 템포 멈출 수 있다.

☐ 예전 같으면 못 했을 말을 신중하게 표현할 수 있게 되었다.

☐ 회피하거나 폭발하던 상황에서 다른 선택지가 보이기 시작했다.

☐ 흔들려도 중심을 되찾는 시간이 짧아졌다.

이 단계부터 내면의 가디언, 성인자아가 중심을 잡기 시작합니다.

[5단계] **통합** 내면이 하나의 흐름으로 정리됨: 성숙이 태도가 됨

☐ 감정·생각·행동이 예전보다 자연스럽게 정렬되어 있다.

☐ 억지로 애쓰지 않아도 성숙한 반응이 나오는 경우가 많아졌다.

☐ 타인의 평가보다 나의 기준이 더 또렷해졌다.

☐　어떤 경험도 성장의 자원으로 삼을 수 있다.

변화가 노력이 아니라 자연스러운 상태가 되어가는 단계입니다. 성인자아가 삶의 중심에 서고, 고통스러운 경험조차 삶의 일부로 받아들이는 여유가 생기기 시작합니다.

체크를 마친 후에

우리는 한 단계씩 '올라가기만' 하며 살지 않습니다. 삶의 상황에 따라 다시 흔들리고, 되돌아가고, 머뭇거리기도 합니다.

어느 단계에 체크했든, 1주차부터 천천히 시작하시면 됩니다. 이 여정은 순서대로 '통과'하는 과정이 아니라, 자신을 이해해 가는 과정이니까요.

이 여정은 더 나은 내가 되는 일이 아닙니다. 이미 내 안에 있는 가디언, 성인자아를 깨우는 과정입니다.

자아의 신화를 찾아서

사람은 어느 시점에 이르면, 자기 삶의 모든 조각이 하나도 버릴 것이 없었다는 사실을 알게 될 때가 있습니다. 그때가 되면 비로소 성공의 순간뿐 아니라, 과거의 선택과 상처, 실패와 후회마저도 지금의 나를 만들기 위해 필요했던 시간들이었음을 이해하게 됩니다. 과거의 모든 인연과 경험이 하나로 연결되어, 지금 내 삶의 의미로 되살아나는 순간입니다.

우리는 언제 어른이 되는가

어떤 사회든 '성인'이 되는 순간은 중요했습니다. 아이에서 어른으로 넘어가는 이 전환은 단순히 나이의 문제가 아니었기 때문입니다. 성인이 된다는 것은 보호받는 존재에서 벗어나, 자기 삶의 책임을 떠안는 존재로 서는 일이었습니다. 그래서 대부분의 전통 사회에는 성인식이 있었습니다.

북미 원주민 사회의 비전 퀘스트(Vision Quest) 역시 그런 성인식 중 하나입니다. 소년은 어느 날 공동체를 떠납니다. 보호도, 조언도, 익숙한 관계도 없이 홀로 자연 속으로 들어갑니다. 음식과 물은 최소한으로 제한됩니다. 몸은 약해지고, 정신은 점점 또렷해집니다. 더 이상 평소의 방식으로 자신을 지탱할 수 없는 상태, 말하자면 자아의 방어가 작동하지 않는 극단적 조건 속으로 들어가는 것입니다.

그 상태에서 그는 하나의 질문을 붙잡습니다.

'나는 누구인가? 나는 어떻게 살아야 하는가?'

이 질문은 생각으로 풀 수 있는 문제가 아닙니다. 논리로 해결되지도, 타인의 말로 대신할 수도 없습니다. 오직 침묵과 고독 속에서, 자기 내면으로 깊이 내려가야만 만날 수 있는 질문입니다. 그 과정에서 그는 두려움, 무력감, 분노, 공허함 같은 감정들을 마주합니다. 동시에 이전에는 들리지 않던 자기 내면의 목소리를 듣게 됩니다.

그리고 그는 그 체험을 간직한 채 부족으로 돌아옵니다.

비전 퀘스트는 개인적 깨달음으로 완성되지 않습니다. 귀환한 소년은 족장이나 샤먼 앞에서 자신의 체험을 이야기합니다. 그 이야기는 해석되고, 검증되고, 공동체에 의해 승인됩니다. 그 순간 그는 더 이상 아이가 아닙니다. 공동체는 그를 성인으로 인정하고, 그에게 역할을 부여합니다. 전사, 치유자, 사냥꾼, 이야기꾼. 각자의 비전은 다르지만 공통점은 하나입니다. 개인의 자아를 실현하며 동시에 공동체의 번영에 기여하는 삶입니다.

비전 퀘스트는 단순한 통과의례가 아니었습니다. 그것은 성인 자아를 깨우는 사회적 장치였습니다. 개인의 내면에서 삶의 주도권이 이동하는 순간을, 공동체가 함께 승인해 주는 과정이었습니다.

성인식이 사라진 시대

하지만 현대 사회에는 이 성인식이 사라졌습니다. 우리는 어느 날 갑자기 어른이 됩니다. 법적으로는 특정 나이가 되면 성인이 되고, 사회적으로는 학업을 마치고 직업을 갖는 순간 어른이 됩니다. 그러나 그 사이에 "나는 누구인가?", "나는 어떻게 살아갈 것인가?"라는 질문을 진지하게 통과하는 과정은 거의 존재하지 않게 되었습니다.

그 공백을 우리는 다른 것으로 채웠습니다. 자아의 성숙 대신, 성과로 성인이 되었음을 증명하기 시작한 것입니다.

능력, 실적, 결과, 성취. 이것들은 분명 중요합니다. 그러나 문제는 이것들이 성인됨의 조건을 완전히 대체해 버렸다는 데 있습니다. 우리는 성과를 내면 어른이라고 믿게 되었고, 역할을 수행하면 성숙하다고 간주했습니다.

그 결과, 사회에는 이런 장면들이 반복됩니다.

성과를 내지만 관계를 다루지 못하는 리더, 자녀가 생겼지만 감정을 감당하지 못하는 부모, 지식은 많지만 사람의 마음에 공감하지 못하는 전문가. 역할은 있지만, 그 역할에 주어진 권한을 남용하는 관리자들.

심리적으로 보면, 이는 어린아이가 어른의 옷을 입고 살아가는 상태와 크게 다르지 않습니다. 내면아이는 여전히 인정받고 싶어 하고, 버려질까 불안해하며, 상처 앞에서 움츠러듭니다. 부모자아는 불안을 견디지 못해 지나치게 통제하거나 훈계하며, 스스로를 '내가 옳다'는 위치에 세우려 애씁니다. 반면, 현실을 있는 그대로 보고 감정을 느끼되 휩쓸리지 않으며, 선택의 책임을 지는 성인자아는 잠들어 있는 경우가 많습니다.

이 상태에서는 열심히 살아도 행복해지지 않습니다. 관계는 반복해서 흔들리고, 성취는 일시적이며, 작은 말 한 마디에도 마음은 쉽게 무너집니다. 사람들은 더 노력해야 한다고 생각합니다. 보다 강해져야 하고, 긍정적이어야 하며, 성숙해져야 한다고 말합니다.

하지만 문제는 노력의 양이 아닙니다.

자아의 위치가 잘못되어 있기 때문입니다.

성인자아의 각성

이 책에서 말하는 성인자아는 '착한 어른'이나 '이상적인 인격'을 뜻하지 않습니다. 성인자아는 이미 우리 안에 존재하는 하나의 의식 상태입니다. 감정과 생각을 동일시하지 않고 바라볼 수 있는 자리, 과거의 상처가 현재를 지배하지 않도록 구분할 수 있는 자리, 문제를 없애려 하기보다 문제 앞에서 머물 수 있는 자리입니다.

13세기 페르시아의 시인 루미는 이 자리를 아름답게 표현했습니다.

여인숙

인간으로 존재한다는 것은
하나의 여인숙이다.

매일 아침 새로운 손님이 찾아온다.
기쁨, 우울, 불만,
어느 순간엔 번쩍이는 깨달음이
예고 없이 문을 두드린다.

그 모두를 받아들이라.

슬픔의 무리가 밀려와
그대의 집을 거칠게 휩쓸고
남김없이 비워버릴지라도,

그래도 하나하나 귀히 여기라.
어쩌면 그들은 새로운 기쁨을 위해
그대 내면을 청소하고 있는 것인지도.

어두운 생각, 수치심, 원망까지
그것들이 문을 두드릴 때 열어주라.
기꺼이 자리를 내어주라.

찾아오는 모든 것에 감사하라.
그들은 저 너머에서 보내진 안내자들이니.
– 잘랄루딘 루미

성인자아는 이 여인숙의 주인과 같습니다. 두려움이 찾아와도 문을 닫지 않고, 슬픔이 머물러도 쫓아내지 않습니다. 감정을 손님처럼 맞이하고, 그 감정이 전하는 메시지를 읽습니다. 애쓰기를 멈추고 이해할 수 있을 때, 감정은 비로소 제 역할을 마치고 떠날 수 있습니다.

그러나 이 자리는 저절로 활성화되지 않습니다. 성인식이 사라진 사회에서는 특히 더 그렇습니다. 그래서 많은 사람들은 평생을 성인아이의 상태로 살아갑니다. 역할은 성인의 것이지만, 의식은 어린 시절에 머물러 있습니다.

이 책은 바로 이 지점에서 출발합니다. 이 책은 사람을 바꾸라고 말하지 않습니다. 더 노력하라고, 더 긍정적이 되라고, 더 강해지라고 설득하지 않습니다. 대신 한 가지 질문을 던집니다.

"지금, 당신 안에서 삶의 주도권을 쥐고 있는 나는 어떤 나인가?"

이 질문을 진지하게 마주하는 순간, 변화는 이미 시작됩니다. 성인자아는 훈련으로 만들어지지 않습니다. 설득으로 생겨나지 않습니다. 정확한 인식과 자기 이해를 통해 깨어납니다.

이 책의 여정: 5주간의 비전 퀘스트

이 책은 하나의 여정입니다.

신화학자 조셉 캠벨은 모든 영웅 서사에 공통된 구조가 있다고 말했습니다. 영웅은 익숙한 일상을 떠나 미지의 세계로 들어가고, 그곳에서 시련과 그림자를 마주하며, 자신을 깨워 줄 가디언을 만납니다. 그리고 마침내 변형을 거쳐 선물을 가지고 고향으로 돌아옵니다. 이것이 '영웅의 여정'입니다.

이 책이 안내하는 여정도 같은 구조를 따릅니다. 우리는 익숙한 자아의 껍질을 벗고 내면에 있는 미지의 세계로 들어갑니다. 그곳에서 상처 입은 내면아이를 만나고, 반복되는 패턴의 그림자를 직면합니다. 그리고 마침내 자아의 신화를 찾고 일상으로 돌아옵니다.

이 여정에서 당신을 안내하는 가디언은 밖에 있지 않습니다. 이미 당신 안에 존재하는 성인자아입니다. 이 책은 바로 그 내면의 가디언을 깨우는 여정입니다.

모든 것을 한꺼번에 실천하려 하지 않아도 됩니다. 매일 조금씩, 자신의 속도로 걸어가시면 됩니다.

0주차 진단하기 — 여정의 시작점. 셀프 체크를 통해 현재 나의 위치를 확인합니다.

1주차 발견하기 — 마음의 구조 이해하기. 문턱을 넘어 내면 세계로 들어갑니다.

[2주차] **직면하기** — 내면아이 만나기. 오랫동안 외면해 왔던 상처 입은 아이의 목소리를 듣습니다.

[3주차] **이해하기** — 반복되는 패턴 보기. 나를 지켜 온 마음의 방패와 그림자를 이해합니다.

[4주차] **연결하기** — 관계 속에서 성장하기. 타인과의 관계에서 나를 발견합니다.

[5주차] **통합하기** — 일상으로 돌아오기. 변화를 삶에 정착시킵니다.

이 책을 읽는 과정은 하나의 심리적 비전 퀘스트가 될 것입니다. 아메리카 원주민이 자아의 신화를 찾아 숲으로 들어가듯, 각자 자기 마음의 내밀한 구조 속으로 들어가 보시기 바랍니다. 반복되는 패턴을 직면하고, 관계에서의 상처를 다시 바라보고, 마침내 성인자아의 자리에 서는 여정이 되기를 바랍니다.

굳이 애써 바꾸려고 하지 않아도 괜찮습니다.

먼저 이해하면 됩니다.

그리고 언젠가 당신도 이렇게 말하게 되기를 바랍니다.

"내 삶의 모든 조각은 버릴 것이 하나도 없었다."

추천사   4

프롤로그 **마음의 작동을 이해한다는 것**   8

5단계 셀프 체크   11

비전 퀘스트   15

1부   마음의 구조를 이해하다

성공을 원하지만 성공하면 안 되는 사람   29

마음은 어떻게 작동하는가   36

머릿속 소음 멈추기   53

심리 코칭의 일곱 가지 전제   60

마음의 작동 원리: 내면아이, 성인자아, 부모자아   66

사람은 어떻게 변화하는가   72

성장 노트 1주차   **마음의 구조 이해하기**   81

2부   감정의 기원과 내면아이

내면아이와의 만남   87

자기비난의 늪에서 벗어나기   93

마음의 작동 원리: 수치심, 불안, 분노   100

과거에 사로잡힌 현재   103

마음의 작동 원리: 반복강박   110

인정욕구의 심리학   113

성장 노트 2주차   **내면아이 만나기**   122

3부 반복되는 패턴을 보다

같은 문제, 다른 차원의 변화   127
사라지지 않는 감정의 순환   137
화의 진짜 이유 찾기   144
마음의 작동 원리: 동일시 - 마음은 생존을 위해 다른 누군가가 된다   149
자동반응에서 벗어나기   156
마음의 작동 원리: 투사, 전이, 투사적 동일시   162
작은 영웅의 무거운 짐   168

성장 노트 3주차   **반복되는 패턴 보기**   173

4부 관계 속에서 나를 지키다

받지 못한 사랑, 주지 못하는 마음   179
마음의 작동 원리: 자기와의 관계   184
감정의 언어가 통하지 않는 집   192
아들의 친절이 불안한 엄마   200
감정문맹 아버지의 속사랑   205
마음의 작동 원리: 방어기제   212
경계를 세우는 사랑   215
말하지 못한 피드백   221
감정을 듣지 못하는 마음   227
대화가 어려운 진짜 이유   233
마음을 움직이는 소통법   239

성장 노트 4주차   **관계 속에서 성장하기**   244

5부 리더십과 조직의 내면

갈등을 마주하는 용기　　249
갑옷 속에 숨은 아이　　255
마음의 작동 원리: 저항하는 것은 지속된다　　261
조용한 리더의 힘　　270
모른다고 말할 수 있는 용기　　275
리더의 가면을 벗는 순간　　281
조직을 움직이는 보이지 않는 힘　　287
실수해도 괜찮은 조직　　292
마음의 작동 원리: 의견 차이는 어떻게 감정 싸움이 되는가　　297
기계에서 사람으로　　307

성장 노트 5주차 **일상으로 돌아오기**　　316

부록 마음의 작동을 이해하는 한 장의 지도　　318
감정이 건네는 말　　325
에필로그 변화는 어디서 시작되는가　　329

1^부

마음의
구조를
이해하다

변화는 노력보다
이해에서 시작된다

우리는 대부분 변화를 원합니다. 더 잘하고 싶고, 덜 흔들리고 싶고, 덜 예민해지고 싶어 합니다. 더 나은 내가 되고 싶고, 같은 실수를 반복하지 않는 사람이 되고 싶어 합니다.

그래서 우리는 스스로를 다그칩니다. 마음을 다잡고, 생각을 바꾸고, 행동을 고치려 애씁니다. 그런데 이상하게도, 바꾸려고 할수록 마음은 더 시끄러워지고 결심은 오래가지 않습니다.

프롤로그에서 우리는 성인자아가 잠들어 있을 때 어떤 일이 벌어지는지 살펴보았습니다. 역할은 어른의 것이지만 의식은 어린 시절에 머물러 있는 상태, 그래서 열심히 살아도 나아지지 않는 상태 말입니다. 문제는 노력의 양이 아니라 내가 서 있는 자아의 위치인 것입니다.

1부에서는 그 의식의 위치를 찾아가는 첫 번째 여정을 시작합니다. '왜 아직도 바뀌지 못했는가'를 묻지 않습니다. 대신, 그동안 우리 안에서 실제로 어떤 일이 벌어지고 있었는지 그 마음의 구조를 살펴봅니다. 통제하려는 마음, 애쓰는 의지, 반복되는 실패 뒤에 어떤 내면의 작동이 있었는지를 찬찬히 들여다봅니다.

바꾸려는 시도를 잠시 내려놓고 이해하기 시작하는 순간, 변화는 보다 쉽게 다가옵니다.

성공을 원하지만
성공하면 안 되는 사람

의식되지 않은 것은 밖에서 운명처럼 반복된다.
—칼 융

"왜 이렇게 미루는 걸까요?"

"왜 마음만 있고 행동은 안 될까요?"

"왜 항상 주변에만 맴도는 느낌이 들까요?"

코칭 현장에서 자주 만나는 질문이다. 준혁 씨도 그랬다.

무대 중앙을 피하는 배우

준혁 씨는 연극배우였다. 10년 넘게 무대에 섰다. 연기력도 좋고, 감정 표현이 섬세하다는 평을 들었다. 하지만 이상하게도 그는 늘 조연이었다. 주역 오디션 기회가 와도, 이런 저런 핑계를 대며 기회를 미뤘다. 연출가가 주연을 제안해도 "아직은 아닌 것 같아요."라며 사양했다. 자신도 주역을 간절히 맡고 싶어 했다. 그러나 막상 기회가 오면 몸이 안 움직인다고 했다.

처음에는 의지의 문제라고 생각했다. 본인이 게으르고, 준비가 덜 된 탓이라고 말했다. 하지만 이야기를 나눌수록 그 설명은 맞지 않았다. 그는 진심으로 작품에서 주역을 맡길 원하고 있었다. 그런데 왜 움직이지 않는 걸까?

질문은 이렇게 바뀌어야 했다.

"당신은 왜 원하면서도 움직이지 않았을까요?"

성공을 원하면서 성공을 피하는 마음

준혁 씨는 성공을 간절히 원하고 있었다. 그러나 동시에 그 과정에서 드러날 자기 자신을 두려워하고 있었다.

주역을 맡으면, 필연적으로 자신이 어떤 사람인지 노출해야 한다. 무대 중앙에 홀로 서야 한다. 모든 조명이 자신을 향한다. 능력의 한계, 부족한 경험, 떨리는 목소리, 완성되지 않은 연기. 그 모든 것이 객석의 시선 앞에 드러난다. 준혁 씨는 그 순간을 떠올리면 너무 긴장되고 얼굴이 화끈거리면서 몸이 마비되는 것 같다고 했다.

'내가 이 정도밖에 안 됐나?', '이걸 들키면 어쩌지?', '괜히 나섰다가 웃음거리가 되면?' 이 감정은 단순한 부끄러움이 아니었다. 마치 존재 전체가 부정당하는 듯한 느낌으로 다가왔다. 그래서 그의 마음은 아주 교묘한 선택을 했다. 조연이면 안전하다. 앙상블

에 머물면 숨을 수 있다. 주역을 맡지 않으면 실패할 일도 없는 것
이었다.

그 선택은 겸손이 아니라 방어였다.

우리를 행동하게 만드는 에너지

성공을 원하면서도 회피하는 그의 모순적 행동에는 리비도
(Libido)라는 심리적 에너지가 작용하고 있다. 리비도는 '욕망'을
뜻하는 라틴어에서 온 말로, 프로이트가 처음 사용한 개념이다.
프로이트는 리비도를 인간 행동의 기본 동인이 되는 에너지로 보
았다. 흔히 성욕이나 열정으로 오해받지만, 현대 정신분석에서 말
하는 리비도는 그보다 넓은 개념이다. 정신이 작용하는 데 사용되
는 에너지 자체로, 성욕으로도, 종교적 열정으로도, 일의 성공이
나 예술적 몰입으로도 나타날 수 있는 심리적 에너지다. 단지 의
욕이나 열정이 아니라, 무의식적으로 작용하는 관심, 긴장, 집착
의 방향이다.

의욕은 의식적이다. "나는 주역을 하고 싶다."고 말하면, 그것은
의욕이다. 하지만 리비도는 무의식적이다. 내가 의식하지 못하는
사이에, 마음의 에너지가 어디로 흘러가고 있는지를 가리킨다. 그
리고 문제는, 의욕과 리비도가 같은 방향을 향하지 않을 때 생긴다.

준혁 씨는 오랫동안 주연으로 무대 중앙에 서기 위한 연기에 리
비도를 쓰고 있다고 믿었다. 그러나 실제로는 달랐다. 리비도는

배우로서의 성공이 아니라 수치심을 피하는 데 쓰이고 있었다. 그래서 에너지는 무대가 아니라 연습실에만 머물렀고, 본 공연이 아니라 리허설에서 빛났으며, 현실이 아니라 '언젠가'라는 미래로 도피했다.

의식에서는 "주역을 맡고 싶다."고 말했지만, 무의식의 우선순위는 분명했다. '수치심만은 느끼지 말자.' 이 무의식적 합의 앞에서, 성공은 늘 후순위였다.

조연의 뿌리

그는 초등학교 때 학예회에서 주인공을 맡은 적이 있었다고 했다. 그런데 무대에서 대사를 까먹고 말았다. 그날 속상했던 아버지는 술에 취해 그에게 한소리를 했다. "네가 뭐라고 주인공을 해. 분수를 알아야지." 아들에 대한 기대가 컸던 아버지는 아들의 작은 실수도 용납하지 못했다. 그 한 마디가 그의 마음에 깊게 박혔다. '나서면 안 된다', '무대 중앙에 서면 위험하다'. 그 믿음은 30년 넘게 준혁 씨를 지배하고 있었다. 그는 그 사실을 의식하지도 못한 채, 매번 기회 앞에서 스스로 물러났던 것이다.

어린 시절에 만들어진 이런 믿음은 당시에는 자기를 지키기 위한 생존 전략이었다. 창피당한 아이에게 '다시는 나서지 말자'는 결심은 자연스러운 자기 보호였다. 문제는 그 믿음이 30년이 지난 지금도 여전히 작동하고 있다는 점이다. 성인이 된 준혁 씨에게 그것은 보호가 아니라 감옥이 되어 버렸다.

신념은 단순히 생각이 아니다. 내면아이의 감정이다. 상처받지 않기 위해, 더 창피당하지 않기 위해 어린 시절에 만들어진 생존의 문장이다. 그리고 그 문장에 리비도가 단단히 묶여 있다.

변화는 의지가 아니라 방향의 문제다

사람은 의지가 약해서 변하지 않는 것이 아니다. 리비도가 상처받은 자아에 묶여 있기 때문에 움직이지 못하는 것이다.

심리학자 에릭 번(Eric Berne)이 고안한 교류분석(Transactional Analysis, TA)에서는 우리 안에 세 가지 자아상태가 있다고 본다. 어린 시절의 감정과 욕구가 저장된 아이자아, 부모와 사회, 환경으로부터 내면화한 규칙과 비판이 담긴 부모자아, 그리고 현재 상황을 있는 그대로 보고 판단하는 성인자아다.

문제는 이 세 자아 중 어디에 리비도가 붙어 있느냐다. 준혁 씨의 리비도는 오랫동안 상처받은 아이자아에 묶여 있었다. 학예회에서 창피당한 그 아이, 아버지에게 "분수를 알라."는 말을 들은 그 아이. 그 아이의 두려움이 30년 넘게 준혁 씨의 마음을 끌고 갔다. 의식에서는 "주역을 하고 싶다."고 말했지만, 리비도는 여전히 수치심을 피하려는 방향으로 작동하고 있었다.

확실한 목표를 세우기 전에 준혁 씨에게 필요한 것은, 과거에 묶여 있던 리비도를 풀어주는 것이었다. 상처받은 내면아이에서 성인자아로, 리비도가 옮겨갈 수 있도록 안내해 주는 것이었다.

준혁 씨는 어린 시절의 자신에 대해 이야기를 털어놓기 시작했다. 그날 얼마나 힘들었는지, 아버지를 무서워하고 미워했지만 아버지의 인정을 얼마나 그리워했는지. 아버지의 눈빛, 목소리, 발자국 소리에도 심장이 쿵쾅거리며 쪼그라들었던 경험들을 쏟아 냈다.

한참을 이야기하던 그는 아버지에 대해 풀어야 할 것이 이렇게 많은 줄은 생각지도 못했다고 말했다. 그 말을 하는 그의 눈가가 촉촉히 젖어 들었다. 가슴이 후련하면서 뭔가가 풀어지는 것 같다고 했다. 그는 기대하던 인정을 받지 못해 자기 존재를 부끄러워하는 아이에서 조금씩 걸어 나오고 있었다. 수치심을 방어하는 데 쓰이던 에너지가 현실의 삶으로 이동하기 시작했다.

"잘하고 싶지만, 못해도 괜찮아."

"완벽하지 않아도 괜찮아. 그래도 무대에 설 수 있어."

"이제는 피하지 않아도 돼. 실수해도 괜찮아."

"잘하면 잘하는 대로, 못하면 못하는 대로 그냥 하면 돼."

그는 자기 내면의 잘못할까 봐 두려워하는 아이에게 그럼에도 괜찮다는 수용의 말을 해 주었다. 수치심을 느끼는 게 잘못됐다고 없애려 하지 않았다. 수치심이 들어도 괜찮다고 알아주자 잘못하면 무너질 것 같은 불안이 사그라들었다. 바로 그 지점에서 리비도의 방향이 바뀌었다. 주역이 목표가 되지는 않았다. 단지 무대 중앙을 감당할 수 있는 내가 생겨났다. 실패할까 불안하지만 그럼에도 해 볼 수 있는 자신감이 생겼다. 그는 이제 그곳을 향해 걸어갈 수 있게 되었다.

바꾸려 하지 않을 때 바뀌는 것들이 있다. 노력이 불필요하다는 말이 아니다. 자아의 방어를 내려놓을 때, 우리를 움직이는 에너지가 본래 갈 곳으로 돌아간다. 사람은 의지가 약해서 움직이지 않는 것이 아니다. 리비도가 상처받은 아이자아에 묶여 있을 때, 행동은 언제나 다른 방향으로 흐른다. 이해를 통해 리비도가 성인자아로 이동할 때, 그토록 원하던 변화는 자연스러운 일상이 된다.

마음은 어떻게
작동하는가

시인과 촌장의 노래 〈가시나무〉 중에 '내 속엔 내가 너무도 많아'라는 가사가 있다. 이 노래를 만든 하덕규는 어느 날 예배 중에 가시나무 숲 속을 헤매는 수많은 자신의 모습을 보았다고 한다. 욕심과 욕망이 가득하고, 날카로운 가시로 사랑하는 사람들에게까지 상처를 주고, 어둠과 슬픔, 우울이 가득한 '너무도 많은 내'가 보였다고 한다. 그는 그 내적 경험을 깊이 있는 가사와 선율에 담았다.

노래 가사처럼 우리 내면에는 너무 많은 '나'가 존재한다. 그래서 우리는 내 마음인데도 나도 잘 몰라서 혼란스러워하고 힘들어한다.

마음은 실제로 나를 이끈다. 기대를 하고, 상황을 해석하고, 의식적이든 무의식적이든 반응을 통해 세상을 살아간다. 자동차를 운전하는데 누가 운전하는지 모른다면, 그 차는 어디로 향할까? 실제로 많은 사람들이 이런 상태로 살아간다. 무언가를 원하지만, 원하지 않는 방향으로 삶이 흘러간다.

앞서 준혁 씨의 이야기에서 우리는 내면아이, 부모자아, 성인자아라는 개념을 만났다. 리비도가 상처받은 내면아이에 묶여 있을 때 사람은 원하면서도 움직이지 못했고, 성인자아로 에너지가 이동할 때 비로소 변화가 시작됐다.

이 장에서는 마음의 기본적인 작동 원리를 살펴본다. 내 안의 여러 '나'를 이해하고, 좀 더 의식적인 방식으로 마음을 조율할 수 있게 되면, 우리는 반응이 아닌 선택으로 살아갈 수 있게 될 것이다.

의식과 무의식

마음을 이해하려면 먼저 의식과 무의식을 구분해야 한다.

의식은 지금 내가 알아차리고 있는 마음이다. '나는 지금 화가 났다', '이 상황이 불안하다'처럼 스스로 인식할 수 있는 영역이다.

무의식은 내가 알아차리지 못하는 마음이다. 왜 그런 선택을 했는지, 왜 그 사람에게 유독 감정이 올라오는지, 왜 같은 실수를 반복하는지 그 이유를 모른 채 행동하게 만드는 영역이다.

신경과학자 조 디스펜자(Joe Dispenza)는 이렇게 말한다. "35세가 되면 우리의 95%는 기억된 행동, 감정 반응, 무의식적 습관, 굳어진 태도, 신념, 인식의 집합체가 된다. 이것은 마치 컴퓨터 프로그램처럼 작동한다." 의식적으로는 "건강해지고 싶다, 행복해지고 싶다, 자유로워지고 싶다."고 말하지만, 몸은 전혀 다른 프로그램 위에서 돌아가고 있는 것이다.

10미터 높이의 쌍둥이 빌딩이 있다. 두 빌딩 사이 거리는 5미터다. 폭 30센티미터의 단단한 판자를 가로질러 놓았다. 이 판자를 걸어서 반대편 빌딩으로 건너갈 수 있을까?

담력이 센 사람은 건너갈지도 모른다. 그러나 대부분은 두려움에 발이 떨어지지 않을 것이다. 같은 판자를 운동장 바닥에 놓는다면? 누구라도 쉽게 건너간다.

무엇이 이 차이를 만들었을까?

"이 정도면 충분히 건널 수 있어." 이것은 의식의 판단이다. "아니야, 떨어지면 어떡해? 죽을 수도 있어!" 이것은 무의식의 두려움이다. 의식이 괜찮다고 해도, 무의식의 두려움이 강하면 결국 시도하지 못한다. 의식이 무의식에 굴복하는 것이다.

우리가 일상에서 보이는 다양한 반응은 무의식에서 나온다. 누군가의 말에 순간적으로 움츠러들거나, 이유 없이 불쾌해지거나, 알면서도 같은 패턴을 반복하는 것. 이 모든 것은 의식이 아니라 무의식이 먼저 반응하기 때문이다.

한 고등학생이 있었다. 죽고 싶다고 말했다. 중학교까지는 전교 상위권이었는데, 고등학교에 진학한 후 성적이 뚝 떨어졌다. 특히 수학이 문제였다. 아무리 해도 오르지 않았다.

그는 게임에 빠져들었다. 게임에는 재능이 있었다. 팀을 이끄는 재미가 쏠쏠했고, 시간과 노력을 투자하면 바로 보상이 따라왔다. 성적이 떨어진 이유를 묻자 그는 씁쓸하게 웃으며 대답했다. "게임에 시간을 너무 많이 썼어요."

어쩌면 게임은 그에게 합리적인 핑계처럼 보였다. 마치 게임만 줄이면 언제든 성적을 올릴 수 있다는 듯이. 그러나 그것은 자기 방어였다.

초등학교, 중학교 때는 조금만 노력해도 성적이 올랐다. "넌 머리가 좋아, 천재야."라는 말을 듣곤 했다. 그는 그런 평가가 좋았다. 가슴이 부풀어오르고 우쭐했다.

고등학교에 진학하자 상황이 달라졌다. 자기처럼 머리 좋은 친구들이 많았다. 게다가 그들은 열심히 했다. 어느 순간 그는 자신이 그들을 따라가지 못할지도 모른다는 두려움을 느꼈다. 자기가 생각만큼 머리가 좋지 않을 수도 있다는 현실을 자각했다.

시험 때가 되면 갑자기 배가 아픈 증상이 생겼다. 가뜩이나 불안한데 몸까지 따라주지 않으니 성적은 더 나빠졌다. 게임은 그 불안에서 도피할 수 있는 좋은 핑계가 되었다. '성적이 안 좋은 건 머리가 나빠서가 아니야. 단지 게임 때문이야.'

그의 의식은 "공부를 잘하고 싶다."고 말했다. 그러나 무의식은 다른 목표를 갖고 있었다. '내가 진짜 머리가 나쁜 사람이라는 걸 확인하느니, 차라리 게임 때문이라고 믿는 게 안전해.'

의식과 무의식이 서로 다른 방향을 향할 때, 언제나 무의식이 이긴다. 의식에서 하고자 하는 바를 무의식이 지원할 때, 비로소 목적에 감정과 행동이 일치한다. 그때 우리의 잠재력이 발현된다.

무의식은 나쁜 것이 아니다. 다만 보이지 않기 때문에 다루기 어려울 뿐이다. 마음의 작동을 이해한다는 것은, 무의식에서 일어나는 일을 조금씩 의식의 영역으로 가져오는 과정이다. 성공을 원하면서 성공과 멀어지는 선택을 반복적으로 하는 마음의 모순된 작용을 바로잡는 일이다.

감정은 사건이 아니라 신호다

많은 사람은 감정을 문제라고 느끼거나, 멈춰야 하는 것으로 여긴다. 화가 나면 화를 없애려 하고, 불안하면 불안을 떨쳐내려 한다. 슬프면 눈물을 참으려고 하고, 수치심을 느끼면 아닌 척하고 무시하려 한다. 반대로 어떤 사람들은 감정이 올라오면 그대로 쏟아낸다. 화가 나면 소리를 지르고, 억울하면 상대가 굴복할 때까지 몰아붙인다.

우리는 왜 이렇게 감정을 다루기 어려워할까?

아이가 마트에서 장난감을 사 달라고 떼를 쓴다. 많은 부모들은 아이의 행동에 주의를 준다. "안 돼. 지난번에 사 줬잖아. 나중에 생일 때 사 줄게." 그래도 계속 조르면 더 엄하게 주의를 주거나 혼내게 된다. 대부분의 아이들은 이 정도 말을 들으면 따른다.

그러나 어떤 아이들은 더 강하게 떼를 쓴다. 마트 바닥에 드러누워 울거나 소리를 지른다. 부모는 당황한다. 주변 사람들의 시선에 수치심이 밀려온다. 수치심에 굴복해 아이가 원하는 것을 사 주기도 한다. 아이는 자기가 원하는 것을 얻고 감정이 사그라진다. 어떤 부모는 화가 머리끝까지 치민다. 부모도 같이 소리를 지른다. 아이를 억지로 안아 끌고 나가며 엉덩이를 찰싹 때리기도 한다.

아이에게 전해지는 메시지는 강렬하다. '네가 원하는 것을 원하면 안 돼. 원하는 것을 못 가졌다고 감정을 드러내면 안 돼. 그건 잘못된 거야.' 혹은 정반대의 메시지다. '네가 원하는 것을 얻고 싶으면 감정을 폭발시켜. 상대의 감정을 건드리면 네가 이기는 거야.'

오해하지 말자. 아이의 버릇없는 행동에 부모가 개입하는 것은 필요하다. 건강한 경계선을 세워주는 것은 부모의 중요한 역할이다. 문제는 행동이 아니라, 감정에 대한 감정이다. 감정을 느끼는 것 자체가 잘못이라는 메시지가 함께 전달될 때, 아이는 자신의 감정을 부정하는 법을 배운다. 혹은 감정을 마음대로 폭발시키며 타인의 경계를 무시하는 법을 배운다.

아이가 떼를 쓸 때, 부모의 마음도 어린 시절로 돌아가곤 한다. 화를 내면 버릇없다고 혼났던 기억. 눈물을 흘리면 "울면 지는 거야."라고 놀림받았던 기억. 우울한 기분으로 있으면 "인상 펴, 웃어야지."라고 특정 감정을 강요받았던 기억. 잘못인지도 모르고 한 작은 실수로 크게 혼나 억울했던 기억. 혹은 자신도 떼를 쓰면 원하는 것을 얻었던 기억.

그 기억들이 무의식에서 깨어난다. 아이의 잘못된 행동을 교정하려는 목적에만 집중하다 보면, 부모자아의 옷을 입은 어린아이의 마음으로 반응하게 된다. 그렇게 감정을 억누르거나, 감정을 폭발시키는 방식이 세대를 넘어 전해진다.

하지만 감정은 없애야 할 문제도, 휘두를 무기도 아니다. 감정은 나에게 무언가를 알려 주는 신호다.

분노는 '경계가 침범당했다'는 신호다. 불안은 '미래가 불확실하다'는 신호다. 슬픔은 '무언가를 잃었다'는 신호다. 수치심은 '있는 그대로의 내가 위험하다'는 신호다. 질투는 '나에게 이것이 중요하다'는 신호다.

감정이 나를 괴롭히는 게 아니다. 감정은 나에게 무언가를 전달하려고 한다. 감정은 해결해야 할 문제가 아니라, 이해해야 할 메시지다. 감정의 메시지를 제대로 이해할 때, 우리는 감정을 다른 방식으로 다룰 수 있게 된다. 억압하거나 참았다 폭발하는 대신, 감정을 행동의 나침반으로 삼을 수 있게 된다. 우리에게 진짜 중요한 것이 무엇인지, 감정이 알려 주기 때문이다.

생각은 진실이 아니다

감정이 생기면, 그 뒤에 생각이 따라붙는다.

누군가의 말에 기분이 상했다. 그러면 곧바로 생각이 시작된다. '저 사람이 나를 무시한 것 같아.', '나는 뭔가 부족한 사람인가?', '이 관계는 끝난 걸까?'

이 생각들은 객관적 사실이 아니다. 감정의 색깔을 반영한 해석이다.

감정이 불안하면 해석은 위협적으로 바뀐다. 감정이 안정되면 해석은 현실적으로 돌아온다. 똑같은 상황도 내 감정 상태에 따라 완전히 다르게 읽힌다.

그러나 많은 사람은 자기 생각을 진실처럼 여긴다. 어떤 사람의 행동을 보고 '저건 나쁜 행동이야.'라는 생각이 들면, 그 생각이 곧 사실이라고 믿는다. 그러나 생각은 대부분 진실이 아니다. 그 순간의 감정이 덧칠한 해석일 뿐이다.

이런 상황을 생각해 보자. 같은 행동도 맥락에 따라 전혀 다른 의미를 가질 수 있다. 수영장에서 비키니를 입고 있으면 멋진 패션이다. 하지만 시청 앞 광장에서 같은 옷을 입고 돌아다니면 풍기를 문란하게 하는 사람으로 보인다. 같은 옷, 같은 사람인데 장소라는 맥락이 의미를 완전히 바꾼다.

인간관계에서도 마찬가지다. 행동 자체보다, 그 행동을 해석하는 내 마음의 맥락이 관계를 결정한다. 실제 일어난 상황보다 그 상황을 해석하는 생각이 더 중요한 것이다.

과거에는 도움이 되었던 생각이,
지금은 발목을 잡을 때

"남자는 울면 안 돼."

이 생각은 어떤 시대에는 나름의 기능을 했다. 남성의 권위와

강인함이 생존에 유리하던 시절, 감정을 억누르는 태도는 사회적으로 인정받는 전략이었을 수도 있다.

그러나 지금은 다르다. 정서지능과 공감이 중요한 시대에 이 생각은 오히려 자기 이해를 가로막고, 관계에서의 소통을 어렵게 만든다.

그럼에도 많은 사람들은 이 생각을 여전히 진실처럼 믿고 산다.

왜일까? 그 생각에 감정이 붙어 있기 때문이다.

어린 시절 울 때마다 "남자가 울면 안 돼!", "네가 바보야?"라고 놀림받았던 기억. 그때 느꼈던 수치심. 다시는 그런 수치심을 느끼고 싶지 않다는 다짐이 있었다면 어떻게 될까? "남자는 울면 안 돼.", "우는 것은 약한 거야."는 단순한 생각이 아니게 된다. 그 생각에는 과거의 힘든 감정들이 아교처럼 진득하게 붙어 있다.

이 생각은 우리 안에서 자동적으로 작동되는 신념이 된다. 무의식에서 감정을 조절하는 프로그램처럼 기능한다. 슬픔이 올라오면 자동으로 억누른다. 눈물이 나려 하면 참는다. 힘들어하는 사람 앞에서도 어떻게 반응해야 할지 모른다. 힘들어하는 사람의 슬픔을 같이 느끼기가 어렵기 때문이다.

그래서 이들은 공감 대신 조언을 하고, 위로 대신 해결책을 제시한다. 약한 감정을 느끼는 것보다, 감정을 객관화시켜 해결할 수 있다고 믿는 게 더 안전하기 때문이다. 그래서 그들은 통하지 않는 감정 관리 전략을 반복한다. 공감해야 한다고 생각하면서도 감정을 함께 느껴 주기보다는 해결책을 선호한다.

생각만 바꾸려 해도 잘 바뀌지 않는다. 생각 뒤에 감정이 붙어 있기 때문이다.

종이 호랑이에 생명이 붙는 순간

생각은 그 자체로는 아무 힘이 없다. 종이에 그려진 호랑이처럼, 실체 없는 그림에 불과하다. 하지만 그 생각에 과거의 기억과 감정이 붙는 순간, 종이 호랑이는 살아 움직이기 시작한다.

어린 시절 가난해서 무시를 많이 받았던 사람이 있었다. 그의 아버지는 늘 말했다. "돈이 웬수다.", "돈 밝히면 못쓴다."

친척들에게 돈을 빌려줬다가 돌려받지 못했고, 그 일로 관계도 깨졌다. 돈을 잃은 아픔보다 돈 앞에서 신뢰가 무너지는 모습이 더 힘들었다. 그에게 돈은 풍요의 상징이 아니라 인간성을 타락시키는 위험한 물질이 되었다.

성인이 된 그의 아들은 많은 돈을 벌고 싶어 했다. 그러나 동시에 돈을 많이 벌면 안 되는 사람이었다. 부자가 되면 나쁜 사람이 될 것 같았기 때문이다.

여러 사업을 했고, 기회도 많았다. 그러나 번번이 성공의 문턱에서 발을 뺐다. 의식에서는 "돈을 벌고 싶다."고 말했지만, 무의식에서는 "돈은 안 좋은 거야."라고 믿고 있었다.

'돈이 웬수다.' 사실 이 생각 자체는 아무 의미 없는 말이다. 마치 종이 위에 그려진 호랑이와 같다. 그런데 이 생각에 감정이 달라붙으면 달라진다. 과거의 맥락과 기억이 연결되면 종이 호랑이에 생명이 불어넣어진다. 종이 호랑이가 무서워 실제로 벌벌 떨게 된다. 생각이 내 삶을 지배하게 된다.

생각을 생각으로 볼 때

생각은 진실이 아니다. 생각은 그저 생각일 뿐이다. 그러나 그 생각을 진실이라고 믿을 때, 그 생각은 마치 진실처럼 작동한다.

생각을 생각으로 볼 수 있을 때, 우리는 비로소 생각이 가리키는 특정한 방향에서 벗어날 수 있다. 상자 밖으로 나와 다른 맥락을 볼 수 있다. 보다 유연한 관점으로 더 나은 생각을 생성할 수 있다.

우리에게 중요한 생각은 언제나 감정과 함께 움직인다. 그래서 만약 생각을 바꾸고 싶다면, 그 생각에 달라붙은 감정을 먼저 풀어줘야 한다.

감정이 얼음처럼 고착된 상태에서 아무리 다른 생각을 주입해도, 무의식은 옛 프로그램을 반복한다.

이 책에서 우리가 하려는 일은 생각을 억지로 바꾸는 것이 아니다. 생각 뒤에 숨어 있는 감정을 이해하는 것이다. 그럴 때 우리 삶에 방해가 되는 생각은 자연스럽게 힘을 잃는다.

내면에는 세 가지 자아가 존재한다

심리학자 에릭 번은 '교류분석(TA)'이라는 이론을 통해 인간의 마음을 세 가지 자아상태로 설명했다. 그의 통찰은 복잡한 내면의 역동을 이해하는 데 유용한 틀을 제공한다.

이 책에서는 에릭 번의 개념을 바탕으로 하되, 내면아이의 상처와 치유에 더 초점을 맞춘다. 단순히 자아상태를 분석하는 것이 아니라, 상처받은 내면아이를 이해하고 돌보는 과정을 통해 성인 자아가 중심을 잡아가는 여정에 집중한다.

많은 사람들이 '나는 하나의 나로 생각하고 결정한다'고 여긴다. 하지만 실제로 우리의 내면에는 서로 다른 방식으로 반응하고 판단하는 세 가지 자아가 존재한다.

어떤 순간에는 규칙과 기준으로 판단하는 목소리가 앞에 나서고, 어떤 순간에는 지금의 현실을 차분히 바라보는 눈이 작동하며, 또 어떤 순간에는 상처받은 아이가 감정적으로 반응한다.

우리가 '왜 또 그렇게 말했을까?', '왜 알면서도 잘못된 선택을 했을까.'라고 느끼는 순간, 대부분은 이 자아들 중 하나가 우리 대신 결정을 내렸기 때문이다.

내면아이는 즉각적인 감정 반응을 담당한다. 두려움, 수치심, 질투, 억울함이 여기서 나온다. 충동적으로 행동하거나, 회피하거나, 과잉반응을 하는 것도 내면아이의 영역이다. 인정받고 싶은 욕구, 버려짐에 대한 공포가 이 자아에 담겨 있다.

부모자아는 비판과 통제, 규범을 담당한다. '이래야 한다', '저래선 안 된다'는 목소리가 여기서 나온다. 스스로에게 가혹하게 자기비난을 하거나, 타인을 판단하는 것도 부모자아의 작용이다.

성인자아는 현실에 기반한 판단을 담당한다. 차분함과 균형감을 유지하고, 감정과 사실을 분리해 낸다. 장기적 관점에서 상황을 보고, 조율하고 선택하는 능력이 여기에 있다.

이 셋은 매 순간 누가 앞에 설지 경쟁한다. 같은 사람이라도 어떤 순간에는 내면아이가 앞에 서고, 어떤 순간에는 부모자아가, 또 어떤 순간에는 성인자아가 앞에 선다.

의식의 방, 그리고 성인자아

우리 내면에는 의식의 방이 있다. 그 방에는 늘 누군가가 자리를 잡고 있다.

화가 나서 씩씩대는 내면아이가 앉아 있을 때가 있다. 인정받지 못한 서러움, 무시당한 억울함, 버려질 것 같은 두려움이 그 자리를 차지한다. "그러면 안 돼, 어른답게 굴어."라고 훈계하는 부모자아가 앉아 있을 때도 있다. 옳고 그름을 판단하고, 통제하고, 비난하는 목소리가 그 자리를 점령한다.

이렇게 우리 내면에서는 충족되지 않은 욕구들이 서로 의식의 방을 차지하기 위해 경쟁한다. 때로는 화난 내면아이가 주도권을 잡고 화를 터트리기도 하고, 그러고 나면 후회하는 내면아이가 나와, 또 참지 못하고 화를 냈다고 자책하고 부끄러워한다. 그러고 나면 부모자아가 나와 "넌 언제 정신 차릴래? 그렇게 감정을 절제 하지 못하면 어떻게 해?"라고 자신을 혼내며 우울해하기도 한다. 이때 성인자아는 방 한편으로 밀려나 잠들어 있다. 각각의 자아들의 감정을 인식하고, 목소리를 들어주며 내면의 질서를 잡아야 하는 성인자아는 배제된 채, 마치 주인 없는 집에 아이들이 소란을 피우며 방을 어지르며 돌아다니는 것과 비슷한 상황이 우리 마음에서 벌어지는 것이다.

우리가 감정적으로 가장 불안정해지는 것은 대개 내면아이와 부모자아가 충돌하기 때문이다.

이런 상황을 생각해 보자. 내면아이가 말한다. "난 너무 불안해…." 그런데 곧바로 부모자아가 끼어든다. "그것도 못 참아? 왜 이렇게 약해?"

내면아이의 두려움 위에 부모자아의 비난이 덧씌워진다. 감정은 두 배로 증폭된다. 원래의 불안에 자기비난까지 더해지니, 스스로 감당하기 힘든 어려움에 빠지게 된다.

분노도 마찬가지다. 화가 났는데, 부모자아가 "화내면 안 돼, 어른답지 못하게."라고 억누른다. 화는 사라지지 않고 안으로 쌓인다. 우울도, 무기력도 이런 내면의 충돌에서 비롯되는 경우가 많다. 내면의 싸움이 다루기 힘든 심리적 고통으로 번지는 것이다.

그래서 우리에게 중요한 질문은 이것이다.

지금, 의식의 방에서 누가 주도권을 갖고 있는가?

성인자아가 중심에 설 때

강 팀장은 유독 한 팀원에게 화가 많이 났다. 자신의 권위를 인정하지 않는다고 느꼈기 때문이었다. 뭐라고 꼭 집어 말하기는 힘들었지만 유독 그의 언행이 신경에 거슬렸다. 그 팀원을 대할 때면 마음이 긴장됐고, 목소리가 떨렸다. 화가 나는데 화를 참아야 했기 때문이었다.

그런데 자기 감정을 들여다보는 시간을 가지면서, 그는 깨닫기 시작했다. 강 팀장이 느끼는 화는 이 팀원 때문만은 아니었다. 어린 시절, 형의 권위를 인정해 주지 않았던 동생에 대한 화가 비슷한 행동을 하는 팀원을 통해 나오고 있던 것이었다.

그 이해가 마음 깊이 스며들자, 팀원에 대한 감정이 줄어들기 시작했다. 해야 할 말을 사실 중심으로 감정에 휘둘리지 않고 할 수 있게 되었다. 그러자 팀원의 태도도 달라졌다. 평소와 다르게 팀장을 존중하기 시작했다.

팀원이 다른 사람으로 바뀐 게 아니었다. 팀원을 대하는 팀장의 마음이 달라졌기에, 두 사람 사이에 흐르던 관계의 역동에 변화가 생긴 것이다.

이 과정을 이끈 것이 바로 성인자아다.

성인자아는 내면의 중재자다. 성인자아가 앞에 서면 달라지는 것들이 있다.

감정이 안정된다. 내면아이의 두려움이나 슬픔을 "그럴 수 있어.”라고 받아 준다. 생각이 정리된다. 감정에 물든 해석과 사실을 분리해 낸다. 선택이 분명해진다. 충동이나 회피가 아니라 현실적인 판단을 할 수 있게 된다.

성인자아가 중심에 서면 내면아이는 진정되고, 부모자아는 과한 비난을 멈춘다. 성인자아는 감정을 억누르지 않는다. 감정의 뿌리를 이해하고, 그 이해를 바탕으로 선택하게 한다.

내면에서 성인자아가 중심을 잡을 때, 사람의 정서적 역량은 완전히 달라진다. 더 편안하고 안정적이 된다. 익숙하지 않은 장소, 상황에도 침착함을 잃지 않고 상황에 적응하는 능력이 강화된다.

마음이 성숙해지는 과정

마음이 성숙해지는 과정은 문제를 없애는 것이 아니다. 내면 구조를 아는 것에서 시작된다.

감정은 신호다. 생각은 해석이다. 내면아이, 부모자아, 성인자아는 우리 안에 공존하는 서로 다른 목소리다. 성인자아가 중심에 서면 안정감이 생긴다.

이 구조만 알게 되어도 내면의 상당 부분을 스스로 조율할 수 있게 된다. 성장은 새로운 내가 되는 일이 아니다. 이미 내 안에 있는 건강한 중심을 앞으로 호출하는 과정이다. 내면의 구조를 이해한 사람은 자기 삶을 반응이 아니라 선택으로 살아가게 된다.

그 알아차림이 바로 성인자아가 깨어나는 첫 순간이다.

감정이 올라올 때, 잠시 멈추고 물어보자.

- 지금 이 반응은 내면아이에서 나온 것인가? - 두려움, 수치심, 억울함
- 아니면 부모자아의 비판인가? - "이러면 안 돼.", "왜 이것도 못 해?"
- 성인자아는 지금 어디 있는가?

이 질문 하나가 감정에 끌려가는 대신, 한 발짝 물러서게 해 준다.

머릿속 소음 멈추기

변화는 노력이 아니라 인식에서 시작된다.
— 프리츠 펄스

우리는 종종 외부의 자극 때문에 괴롭다고 생각한다. 시끄러운 소음, 무례한 말 한 마디, 뜻대로 되지 않는 상황. 하지만 진짜 고통은 그 자극 자체보다 그것에 대한 해석과 반응에서 비롯되는 경우가 많다. 같은 소리를 듣고도 누군가는 무심히 넘기고, 누군가는 하루 종일 그 생각에서 벗어나지 못한다. 차이는 귀가 아니라 마음에서 일어난다.

층간소음에 반응하는 나를 알아차리는 연습

"내 집인데, 내가 왜 귀마개를 껴야 하죠?"

혜인 씨는 처음엔 웃으면서 말했지만, 말이 끝나자 표정이 굳어졌다. 층간소음 때문에 찾아온 그녀의 얼굴엔 지친 기색이 역력했다. 하루 종일 들려오는 아이의 뛰는 소리, 쿵쿵거리는 진동, 바닥을 울리는 발소리가 그녀의 영혼까지 갉아먹고 있는 듯했다.

"그날은요…. 진짜 미쳐버릴 것 같았어요. 아침 9시부터 시작해서 밤까지 쿵쿵쿵…. 멈추질 않더라고요."

그날은 평일, 재택근무 날이었다. 오전엔 그럭저럭 견딜 만했다. '애가 뛰나 보네.' 하고 넘겼다. 하지만 오후가 되면서 머릿속이 복잡해졌다. 얼마 전 윗집에 올라가 주의를 줬는데도 소용이 없었다. 음악을 크게 틀어보고, 창문도 열었다 닫았다를 반복했다. 도저히 안 되겠다 싶어 장을 보러 나갔다.

"현관문을 여는 순간……, 또 쿵쿵쿵. 심장이 '탁' 내려앉았어요. 이게… 끝이 아니구나. 계속되겠구나."

진짜 문제는 소음이 아니었다

남편이 퇴근할 무렵, 짜증은 이미 혜인 씨의 온몸을 감싸고 있었다. 저녁 준비를 하려고 냉장고 문을 열었지만 손이 잘 움직이지 않았다. 저녁은 대충 먹고 말았다. 아이들은 눈치를 보며 각자 방으로 들어갔고, 남편도 말이 없어졌다. 혜인 씨는 소파에 앉아 귀마개를 껴 보았다. 그런데 더 서러웠다.

"내 집인데, 왜 내가 이걸 껴야 하죠? 피해는 내가 보는데, 왜 참는 것도 나예요?"

그 말에는 소음에 대한 불편함 외에도 억울함, 무력감, 억눌린 분노가 겹겹이 뒤섞여 있었다.

나는 그녀의 감정을 공감하며 조심스레 물었다. "지금 가장 괴로운 건 소음 자체인가요, 아니면 그 소음에 대한 생각인가요?"

혜인 씨는 잠시 말이 없다가 고개를 끄덕였다.

"처음에는 그냥 소리였는데요…. 나중엔 그 소리가 제 생각을 잡아먹기 시작했어요. '왜 나만 참고 살아야 하지?', '나는 피해자인데, 왜 가해자는 사과도 안 하지?', '지난번에 알아듣게끔 이야기를 했는데, 나를 무시하는 건가?', '경비실에서는 뭐 하는 거지?', '왜 이런 집에 살아야 하지?' 이런 생각들이 머릿속에서 계속 커졌어요."

불교에서는 고통을 두 개의 화살로 비유한다. 첫 번째 화살은 피할 수 없는 현실의 고통이다. 하지만 두 번째 화살은 그 고통에 대한 심리적 반응으로, 우리가 선택할 수 있는 영역이다. 상황을 비난하고, 타인을 원망하고, 자신을 자책하며 고통을 증폭시키는 것은 우리 자신이다. 첫 번째 화살은 어쩔 수 없지만, 두 번째 화살은 피할 수 있다.

혜인 씨의 고통은 단순히 소리 때문만은 아니었다. 실제 자극에 대해 얽히고설킨 생각과 감정이 더 크게 작용하고 있었다. 그녀를 가장 괴롭게 만든 건 층간소음 자체가 아니라 그 소리를 계기로 자기 안에서 일어난 반응이었다. 혜인 씨가 맞은 두 번째 화살이 견디기 힘든 고통을 만들어 내고 있었다.

짜증 나는 남편의 김치볶음밥

남편은 주말마다 김치볶음밥을 해 준다. 참치를 넣고, 계란을 곱게 풀어, 마요네즈로 마무리도 한다. 아이들도 맛있게 먹는다. 그런데 혜인 씨는 그 정성이 가끔 짜증 났다고 했다.

"왜 저렇게까지 해야 하죠? 그냥 대충 해도 되잖아요…. 괜히 부담돼요."

그 말 속에 얽힌 감정은 복잡했다. 남편의 요리가 싫어서가 아니었다. 도리어 혜인 씨는 남편의 가사 도움이 늘 절실했다. 하지만 막상 도와주면 짜증이 났다.

그녀의 엄마는 유난히도 완벽주의가 심했다고 했다. 작은 것 하나에도 엄마만의 완벽한 방법이 있었다. 사과 하나를 깎을 때도, 수건 하나를 접을 때도 허투루 하지 않았다. 그녀는 그런 엄마가 힘들었다고 했다. 싫었지만 따를 수밖에 없었다. 그렇지 않으면 엄마는 불같이 화를 냈기 때문이었다. 그래서 그녀는 지금도 무언가 신경 써서 잘하는 모습을 보면 자기도 모르게 긴장이 된다고 했다.

남편이 플레이팅을 정성껏 할수록, 혜인 씨 안에서는 오래된 기억이 반응했다. 짜증의 대상은 남편이 아니었다. 혜인 씨의 내면 아이가 반응한 것이다. 어릴 적부터 했던 '완벽해야 한다'는 생각이 자기도 모르게 긴장을 일으키고 있었다.

혜인 씨가 남편의 선의를 반갑게 받아들이지 못한 이유는 남편의 방식이 잘못돼서가 아니다. 내면아이 안에 각인된 오래된 긴장이 먼저 반응했기 때문이다. 현재의 남편이 아니라 과거의 엄마에게 반응하고 있던 것이다.

나를 챙기는 연습

어느 날, 혜인 씨는 장염에 걸려 병원에 갔다.

"갑자기, 제가 아픈 아이를 병원에 데려가는 엄마가 된 기분이 들었어요. 제가 저를 데리고 병원에 간 거예요. 신기한 기분이었어요."

죽과 붕어빵을 사 들고 집에 돌아오는 길이 이상하게 마음이 편했다. 그런데 치킨집 앞을 지나다가 아이들이 문득 떠올랐다. 치킨을 사 가면 좋아할 텐데…. 치킨집 앞에서 줄을 서서 기다리던 중 문득 화가 치밀었다. 아픈 와중에도 아이들 간식을 챙기는 자신이 한심하게 느껴졌다. 아이들에게는 비싼 걸 사 주면서 스스로는 죽 하나로 끝내려는 자신의 처지가 부당하게 느껴졌다.

혜인 씨는 결국 치킨을 포기하고 집에 들어갔다고 했다. 그날 혜인 씨는 처음으로 깨달았다. 그녀도 다른 사람처럼 돌봄이 필요한 사람이었다. 그동안 가족을 먼저 챙기느라 자기 자신을 돌볼 틈이 없었다. 사실은 다른 누구보다 더 돌봄이 절실한 사람은 자기 자신이었다.

자기 돌봄은 결코 이기적인 행동이 아니다. 오히려 건강한 관계를 위해 꼭 필요한 기초 조건이다. 자기 자신을 돌보지 않으면, 희생하는 동안 억울함이 마음속에 켜켜이 쌓인다. 그 억울함은 결국 가까운 사람을 향한 원망으로 흘러간다.

그래서 타인을 돌보기 전에, 먼저 나를 돌보는 시간이 필요하다. 내 감정과 내 욕구를 있는 그대로 인정하고, '나는 이런 게 필요해.'라는 신호를 진심으로 들어주는 것. 그렇게 자신에 대한 작은 배려가 쌓일 때 비로소 관계도 더 조화롭고 건강한 방향으로 흘러가기 시작한다. 관계의 공정성이 회복되기 때문이다.

알아차림이 변화를 이끈다

혜인 씨는 '마음챙김'을 배우기 시작했다. 마음챙김은 특별한 기술이 아니라, 자기 마음을 한 걸음 떨어져서 바라보는 훈련이다. 생각을 '생각'으로 보고, 감정을 '감정'으로 알아차리는 것. 그것에 휘둘리지 않고, 잠시 머물러 관찰하는 법을 익히는 것이다.

혜인 씨는 연습을 통해 자기 안에서 일어나는 마음의 움직임을 조금씩 떨어져서 보기 시작했다. 예전에는 '남편이 나를 무시하네!' 라는 생각이 떠오르면, 그 생각을 '사실'로 받아들이고 바로 감정이 폭발했다. 하지만 이제는 "아, 지금 내가 이 상황을 '무시 당했다'고 해석하고 있구나." 하고 알아차릴 수 있었다.

그렇게 알아차리는 순간, 감정의 강도는 이전처럼 확 치고 올라오지 않았다. 때로는 "내가 왜 이걸 무시라고 느끼지?" 하고 자기 생각의 근원을 탐색할 여유도 생겼다. 그 과정에서 마음이 가벼워지는 순간도 찾아왔다. 예전 같으면 '큰 싸움'으로 번졌을 상황이 이제는 잠깐의 오해였음을 알게 되며 오히려 웃음이 나기도 했다. "내가 이 작은 생각 하나에 이렇게 흔들렸구나…." 라는 가벼운 깨달음이 드는 순간이었다.

게슈탈트 심리치료를 창시한 프리츠 펄스는 노력이나 결심이 아니라 인식이 변화를 이끈다고 했다. 진정한 변화는 의지적 통제가 아니라, 현재 자신의 마음을 있는 그대로 알아차리는 것에서 시작한다. 혜인 씨는 자기 마음의 반응을 알아차리고 인식하는 것만으로도 조금씩 다른 선택을 할 수 있게 되었다. 생각과 감정을 바꾸려는 것이 아니라 알아차리는 것, 그것이 진정한 변화의 시작이었다.

머릿속 소음은 완전히 사라지지 않을 수 있다. 내면아이는 여전히 반응하고, 오래된 해석은 여전히 떠오른다. 하지만 성인자아가 중심에 설 때, 우리는 그 소음에 휘둘리지 않고 나를 돌볼 수 있게 된다. 그것만으로도 충분히 큰 변화가 찾아온다.

심리 코칭의 일곱 가지 전제

오랜 시간 사람들의 이야기를 듣고 함께 걸으며 깨달은 것이 있다. 겉으로 드러난 문제는 달라도, 회복과 성장, 성인자아가 깨어나는 과정의 밑바탕에는 하나의 일관성이 있었다. 그 공통된 흐름을 일곱 가지 전제로 정리했다.

첫째, 사람은 누구나 성장 가능성을 지닌 존재다.

"저는 원래 이런 사람이에요." 그는 이 말로 자신의 이야기를 마무리하곤 했다. 실패가 반복될수록 그는 자신을 판단했고, 그 판단은 더 이상 의심받지 않는 진실이 되었다.

그러나 시간을 두고 이야기를 나누다 보면, '원래 이런 사람'이라는 말 속에는 수많은 좌절과 포기의 흔적이 담겨 있었다. 바뀌지 않는 본성이 아니라, 바꾸려 애썼지만 실패가 반복되면서 굳어진 자기 해석이었다.

우리는 누구나 완전하지 않다. 그러나 불완전함은 결함이 아니라 성장의 출발점이다. 자신을 있는 그대로 바라보고 받아들일 수 있을 때, 변화는 자연스럽게 싹이 튼다. 성장은 '내가 아닌 다른 사람이 되는 것'이 아니다. 이미 내 안에 있던 가능성이 모습을 드러내는 과정이다.

둘째, 감정은 내면의 진실을 드러내는 신호다.

박 부장은 집에 오자마자 아들에게 짜증을 냈다. 다음 주가 시험인데 핸드폰만 들여다보는 모습이 한심해 보였다. 하지만 돌아보니 그날은 회사에서 힘든 하루였다. 임원에게 불려가 깨졌고, 나보다 못하다고 생각했던 동기가 자식 자랑하는 소리에 속이 뒤틀렸다. 아들에게 쏟아낸 짜증은 사실 회사에서 풀지 못한 화였다.

감정은 해결해야 할 문제가 아니라 들어줘야 할 메시지다. 억눌린 감정은 사라지지 않고, 마음 깊은 곳에 머물다가 어느 순간 예상치 못한 방식으로 드러난다. 감정을 억제하는 것이 아니라 이해하고 풀어 낼 때 비로소 마음은 가벼워지고, 삶은 순조롭게 흘러간다.

셋째, 반복되는 고통은 '사건'보다 '해석의 패턴'에서 비롯된다.

남편이 언제나 자신을 무시한다고 느끼는 아내가 있었다. 아무리 말해도 달라지지 않았다. 처음에는 기대했다가, 실망하고, 결국 폭발하곤 했다.

남편이 대답을 늦게 해도, 약속을 잊어버려도, 대화 중에 핸드폰을 봐도 결론은 늘 같았다. '이 사람은 나를 무시한다.'고 여겨졌다. 상황은 달랐지만, 해석은 늘 같은 곳으로 흘러갔다.

사람을 괴롭게 하는 것은 사건 자체가 아니라 그 사건에 부여한 의미와 해석이다. 해석의 틀은 대부분 과거 경험에서 비롯된다. 그 틀이 바뀌지 않으면 고통은 반복된다. 해석을 바꾸면 현실이 달라진다.

넷째, 마음은 하나가 아니라 여러 내면자아로 이루어져 있다.

김 팀장의 아버지는 인생을 낙관하는 사람이었다. "사랑할 시간도 적은데 미워하면 안 된다."는 말을 습관처럼 했다. 아버지가 돌아가시고 김 팀장은 그 말을 유언처럼 받아들였다. 조직 변경으로 새로운 팀원을 맡게 됐다. 이리저리 간섭하고 다니며 팀에 스트레스를 주는 사람이었다. 미운 마음이 올라왔다. 그러나 미워하면 안 될 것 같았다. 그런 감정을 느끼는 자신이 힘들었다. "왜 나를 나쁜 사람으로 만드냐."고 퉁명스레 말했다. 그는 미워하지만 마냥 미워할 수 없었다. 좋은 마음으로만 살고 싶었지만 현실은 그렇지 않았다.

우리 내면에는 다양한 자아들이 공존하고 있다. 상처받은 나, 두려워하는 나, 회피하는 나, 비판하는 나, 인정받고 싶은 나 등. 이 다양한 자아들이 상황에 따라 번갈아 나타나며 내면의 반응을 이끈다. 내면자아의 상호작용을 이해할 때 비로소 마음이 왜 그랬는지 이해된다. 반복해서 같은 감정에 휘말리는 이유, 그 진실이 보이기 시작한다.

다섯째, 생각·감정·행동은 서로 연결된 하나의 시스템이다.

다이어트를 결심했다. 이번엔 진짜 제대로 해 보겠다고 다짐했다. 그런데 사흘이 채 가기도 전에 야식이 당겼다. 결국 치킨을 배달시켰다. 먹고 나니 자책이 밀려왔다. '나는 왜 맨날 이럴까.', '의지가 이것밖에 안 되나.' 다음 날 아침, 그는 다시 결심했다. 그리고 또 무너졌다.

감정이 풀리지 않은 채 생각만 바꾸려 하면, 행동은 오래가지 않는다. 해소되지 않은 스트레스, 공허함, 외로움이 그대로인데 의지만으로 버티려 하면 결국 같은 자리로 돌아온다. 생각·감정·행동은 서로 분리된 것이 아니라 하나의 시스템이다. 이 셋을 함께 다룰 때만, 자동반응은 멈추고 변화는 지속된다.

여섯째, 변화는 자기 인식에서 시작된다.

팀장의 말 한 마디가 하루를 망쳤다. "이번 보고서는 좀 아쉽네요." 그 말이 계속 머릿속에서 맴돌았다. 퇴근길에도, 집에 와서도, 잠들기 전까지도.

그는 머리를 쥐어박으며 스스로를 다그쳤다. '역시 난 한참 멀었어.', '왜 그걸 생각 못 했지?'

그러다 문득 멈춰 섰다. "마음이 왜 이렇게 힘들지? 지금 힘든 건 피드백 때문일까, 아니면 내 안에 뭐가 다른 게 있었나?"

그 순간, 감정의 정체가 드러났다. 실망이 아니라 수치심이었다. 부족함이 드러났다는 두려움, '나는 괜찮은 사람이 아니다.'라는 오래된 믿음이 함께 올라오고 있었다.

자기 인식은 단순히 '아는 것'이 아니다. 내 안에서 일어나는 감정과 생각, 욕구를 선명하게 구분해 보는 능력이다. 이 인식의 해상도가 높아질수록, 선택의 여지가 생긴다. 자기 인식이 깊어질수록, 내면아이나 부모자아가 앞에 나서는 순간을 알아차릴 수 있게 된다. 그 알아차림이 바로 성인자아가 깨어나는 첫 순간이다.

일곱째, 관계 갈등은 자기 내면에서 시작되며, 성장의 자원이 될 수 있다.

그는 늘 상대를 바꾸려 애썼다. 생각 없이 하는 행동들이 답답했다. 충고하고 잔소리를 해대면 눈앞에서는 잠시 달라지는 것 같았다. 그러나 여지없이 같은 잘못을 되풀이했다. 이제는 그 사람의 행동이 아닌 사람 자체가 문제처럼 보였다. 바꾸려고 할수록 갈등은 더욱 깊어져 갔다.

갈등의 본질은 상대가 아니라, 내가 어떤 마음으로 상대를 바라보고 있는가에 달려 있다. 자기 마음을 모른 채 상대를 바꾸려 들면 오히려 서로에게 더 큰 상처만 주게 된다. 일시적으로 해결된 것처럼 보여도, 양상을 바꿔 또 다른 갈등으로 불거진다. 갈등의 뿌리를 내 안에서 발견하고 풀어 낼 때, 갈등은 서로를 이해하고 함께 성장하는 기회가 된다.

이어질 이야기들

이 책의 칼럼들은 일곱 가지 전제가 현실의 관계와 삶에서 어떻게 살아 움직이는지를 보여 준다. 상사와의 갈등 속에서 내면아이를 발견한 이야기, 가까운 사람과의 관계에서 반복되던 불안의 뿌리를 찾아가는 여정, 표현하지 못한 감정이 관계 안에서 어떻게 순환하는지를 깨달아 가는 과정, 번아웃과 무기력을 지나 자기 마음을 회복해 낸 순간들이 담겨 있다.

각 사례는 감정 인식에서 시작해, 해석의 재구성, 내면자아의 조율, 그리고 스스로 선택한 행동으로 이어지는 변화의 실제 흐름을 보여 준다. 변화는 거창한 결심에서 오지 않는다. 감정을 알아차리는 순간, 익숙한 반응을 멈추고 숨을 고르는 짧은 여유, 생각과 행동 사이에 아주 작은 틈을 만드는 선택이 일상을 조용히 바꾸어 간다.

마음의 작동 원리:
내면아이, 부모자아, 성인자아

우리 안에는 세 가지 마음이 함께 살고 있다. 내면아이, 성인자아, 그리고 부모자아. 앞서 우리는 이 세 마음이 존재한다는 것과, 누가 의식의 방에서 주도권을 갖고 있느냐에 따라 반응이 달라진다는 것을 살펴보았다. 이제 조금 더 깊이 들여다보자. 이 세 마음은 어떻게 형성되고, 왜 그렇게 작동하는 걸까?

내면아이는 어떻게 만들어지는가

내면아이는 과거의 내가 남긴 감정의 기억이다. 하지만 모든 기억이 내면아이가 되는 것은 아니다. 강렬한 감정이 해소되지 못한 채 마음에 각인될 때, 그 순간의 나는 내면아이로 남는다.

버림받았다고 느낀 순간, 무시당했다고 느낀 순간, 사랑받지 못한다고 느낀 순간. 그때의 두려움, 슬픔, 분노가 충분히 위로받지 못하면, 마음의 한 부분은 그 나이에 멈춰 선다. 몸은 어른이 되었지만, 그 감정만큼은 여전히 그때 그 아이의 것으로 남아 있다.

내면아이에는 세 가지 얼굴이 있다

흔히 내면아이라고 하면 상처받은 아이만 떠올린다. 하지만 내면아이에는 여러 얼굴이 있다.

첫 번째는 상처받은 아이다. 이 아이는 결핍에서 태어난다. 버림받은 경험이 깊은 사람은 관계에서 지나치게 매달리거나, 반대로 먼저 떠나 버린다. 비판받은 경험이 깊은 사람은 완벽해지려 애쓰거나, 아예 시도조차 포기한다. 무시당한 경험이 깊은 사람은 인정에 목말라하거나, 관계 자체를 회피한다.

두 번째는 자기 중심적인 아이다. 이 아이는 과잉에서 태어난다. 과잉보호를 받고 자란 아이, 원하는 것은 무엇이든 얻었던 아이, 좌절을 감당해 본 적 없는 아이. 이 아이는 성인이 되어서도 자기 욕구를 즉각적으로 채우려는 충동이 강하다. 기다리지 못하고, 참지 못하고, 타인의 경계를 잘 인식하지 못한다. 내 마음대로 되지 않으면 화가 나고, 상대가 내 기대에 맞춰 주지 않으면 짜증이 난다. 관계에서 무의식적으로 휘두르려 하고, 자기 욕구가 곧 정당한 권리라고 느낀다.

세 번째는 놀라운 아이다. 이 아이는 창조성과 기쁨의 원천이다. 호기심, 자발성, 상상력, 친밀감이 여기서 나온다. 아이처럼 웃고, 아이처럼 놀고, 아이처럼 몰입하는 순간, 순수한 아이가 살아난다. 유대 전통에는 '가장 훌륭한 성인은 어린아이의 마음을 간직한 채 성장한 사람'이라는 격언이 있다. 놀라운 아이야말로 삶에 활력을 불어넣는 에너지의 원천이다.

상처받은 아이가 "나는 사랑받을 자격이 없어."하고 웅크린다면, 자기 중심적인 아이는 "나는 당연히 사랑받아야 해."라고 요구한다. 놀라운 아이는 "사랑하고 사랑받는 건 기쁜 일이야."라고 느낀다. 이 세 아이는 서로 다른 방식으로 우리 안에 살아 있다.

부모자아는 내면아이가 입은 갑옷이다

부모자아는 어린 시절 양육자에게서 내면화한 목소리다. 부모자아와 내면아이는 동전의 양면이다. 부모자아의 가혹한 비판은 사실 취약한 내면아이를 보호하기 위한 갑옷인 경우가 많다. "완벽해야 해.", "실수하면 안 돼.", "약한 모습을 보이지 마." 이 목소리들은 언뜻 나를 채찍질하는 것 같지만, 그 밑바닥에는 다시는 상처받고 싶지 않은 아이의 두려움이 숨어 있곤 한다.

그래서 자기비판이 유독 심한 사람, 스스로에게 가혹한 사람, 완벽주의에 시달리는 사람의 내면에는 동시에 취약한 아이가 웅크리고 있다. 갑옷이 두꺼울수록 그 안의 아이는 더 여리다. 비판의 목소리가 클수록 보호받고 싶은 욕구도 크다.

부모자아에는 역할이 있다

부모자아에는 두 가지 종류가 있다. 비판적 부모자아와 양육적 부모자아다.

비판적 부모자아는 "넌 왜 이것밖에 못 하니?", "그러니까 안 되는 거야.", "남들은 다 하는데 너만 못해."라고 말한다. 이 목소리는 나를 채찍질하고, 부족함을 지적하고, 죄책감과 수치심을 불러일으킨다.

양육적 부모자아는 "괜찮아, 실수할 수 있어.", "넌 충분히 잘하고 있어.", "힘들면 쉬어도 돼."라고 말한다. 이 목소리는 나를 보호하고, 위로하고, 안전하다고 느끼게 해 준다.

부모자아는 단순히 좋고 나쁨으로 나눌 수 없다. 부모자아에는 중요한 역할이 있다. 비판적 부모자아는 경계를 설정하고, 질서를 유지하고, 위험으로부터 보호하는 역할을 한다. "지금은 참아야 해.", "이건 해서는 안 돼.", "약속은 지켜야 해." 이런 목소리가 없다면 삶은 혼란에 빠진다.

양육적 부모자아 역시 돌봄과 격려를 통해 안전감을 제공한다. 문제는 역할이 아니라 과잉이다. 비판이 지나치면 문제가 된다. 비판의 방향이 자기로 향하면 자기혐오가 되고 밖으로 향하면 타인에 대한 비난이 된다. 또한 양육이 지나치면 의존이 된다. 자녀를 보살핀다고 하지만, 내면의 진실은 다르다. 좋은 부모라는 자아상을 유지하기 위해 의존하는 자녀가 필요한 것이다.

성인자아를 강화하는 법

성인자아는 지금 이 순간, 현실을 바라보고 선택할 수 있는 힘이다. 내면아이가 감정으로 반응하고, 부모자아가 판단으로 반응한다면, 성인자아는 "지금 무슨 일이 일어나고 있지?"라고 질문할 수 있는 관찰자다.

성인자아는 재능이나 성격이 아니다. 누구에게나 있지만, 종종 잠들어 있을 뿐이다. 이 성인자아를 깨우고, 의식의 중심에 설 수 있도록 돕는 몇 가지 방법이 있다.

첫째, 멈추고 명명한다. 감정이 올라올 때 "지금 내 안에서 불안이 올라오고 있구나."라고 이름 붙여 본다. 감정에 이름을 붙이는 순간, 감정과 나 사이에 거리가 생긴다.

둘째, 질문을 바꾼다. "왜 나는 이 모양일까?"라는 자책 대신, "지금 나에게 필요한 건 뭘까?"라고 묻는다. 질문이 바뀌면 마음의 방향이 바뀐다.

셋째, 과거와 현재를 구분한다. "이 감정은 지금 상황에 맞는 반응일까, 아니면 과거의 기억으로 반응하는 걸까?" 이 질문 하나로 자동반응의 고리가 느슨해진다.

세 마음의 조율

성숙(maturity)은 내면아이를 없애는 것이 아니다. 부모자아를 침묵시키는 것도 아니다. 세 마음이 서로 싸우지 않고, 성인자아를 중심으로 조화를 이루는 것이다.

성인자아가 중심에 서면, 내면아이의 세 얼굴을 각각 다르게 돌볼 수 있다. 상처받은 아이가 두려워할 때, 성인자아는 그 두려움을 알아준다. "무서웠구나. 그럴 수 있어." 자기중심적인 아이가 당장 원하는 것을 요구할 때, 성인자아는 그 욕구를 인정하되 조율한다. "원하는 마음은 알겠어. 하지만 지금은 기다려야 할 때야." 놀라운 아이가 놀고 싶어 할 때, 성인자아는 그 에너지를 환영한다. "좋아, 지금은 마음껏 즐겨도 돼."

부모자아도 성인자아의 조율 아래 역할을 수행한다. 경계가 필요한 상황에서는 비판적 부모자아가 나서고, 위로가 필요한 순간에는 양육적 부모자아가 나선다. 성인자아는 상황을 읽고, 어떤 역할이 필요한지 판단하며, 과잉을 조절한다. 부모자아가 갑옷이 아니라 도구가 될 때, 비로소 삶에 필요한 구조와 돌봄을 제공할 수 있다.

이 과정이 반복되면, 상처받은 아이는 조금씩 안정되고, 자기중심적인 아이는 절제를 배우며, 놀라운 아이는 창조성의 에너지를 삶에 불어넣는다. 비판적 부모자아는 필요한 만큼만 작동하고, 양육적 부모자아는 따뜻함으로 내면을 감싼다.

세 마음이 조화롭게 대화하는 법을 배울 때, 우리는 비로소 감정에 끌려다니지 않고 선택하며 살아갈 수 있게 된다.

사람은 어떻게
변화하는가

변화는 자기 자신이 되려고 할 때 일어난다.
— 칼 로저스

우리는 변화가 결심에서 시작한다고 믿는다. 마음을 다잡고, 생각을 바꾸고, 행동을 고치려 애쓴다. 그런데 이상하게도, 그 결심은 오래가지 않는다. 처음엔 효과가 있는 것 같다가, 어느 순간 다시 원래의 자리로 돌아와 있다.

"사람이 바뀔 수 있을까요?"

우리는 이 질문을 자주 듣는다. 그리고 그 질문에는 대개 이런 전제가 깔려 있다. 사람은 쉽게 바뀌지 않는다. 그럼에도 우리는 변화를 시도한다. 더 나은 내가 되기 위해 자신을 바꾸려 하고, 부모는 자녀를, 자녀는 부모를, 상사는 부하를, 연인과 배우자는 서로를 바꾸려 한다.

하지만 타인을 바꾸는 일은 거의 불가능에 가깝다. 자기 자신을 바꾸는 일조차 쉽지 않기 때문이다.

그렇다면 사람은 정말 바뀌지 않는 걸까. 이 질문에 나는 그렇지 않다고 대답한다. 사람은 바뀔 수 있다. 다만, 전제가 있다.

행동이 아니라 구조가 바뀌어야 한다

많은 변화의 시도는 행동을 바꾸는 데서 출발한다. 생각을 긍정적으로 바꾸고, 태도를 고치고, 습관을 교정하려 한다. 처음에는 효과가 있는 것처럼 보이지만, 변화가 오래가지 않는 경우가 많다. 마음의 구조가 그대로인 상태에서 행동만 바꾸려 했기 때문이다.

변화에는 서로 다른 두 방향이 있다.

하나는 수평적 변화다. 지식과 기술을 넓히는 변화로, 더 많이 배우고 더 잘하는 방법을 익히는 것이다. 책을 읽고, 방법을 배우고, 요령을 쌓는 일들이 여기에 속한다. 이 변화는 분명 도움이 되지만, 한계도 분명하다.

아무리 많은 것을 알아도 마음의 구조가 바뀌지 않으면 사람은 결국 같은 상황을 비슷하게 해석하고, 비슷한 감정을 느끼고, 비슷한 방식으로 반응한다. 그래서 바꾸려는 행동은 반복되고, 다시 원래의 자리로 돌아온다.

예를 들어, 화를 다스리는 기술을 배웠다고 하자. 심호흡도 하고, 10초를 세기도 한다. 그런데 내면 깊은 곳에 '무시당하면 안 된다.'는 상처가 그대로 있다면, 비슷한 상황이 오면 결국 또 화가 치밀어 오른다. 기술은 늘었지만, 반응의 뿌리는 그대로인 것이다.

다른 하나는 수직적 발달이다. 세상을 바라보는 관점, 감정을 다루는 방식, 나를 이해하는 눈 자체가 달라지는 것이다.

만약 '무시당하면 안 된다.'는 상처가 치유되면 어떻게 될까? 누군가 무심한 말을 해도 예전처럼 화가 치밀지 않는다. 기술을 쓰지 않아도 된다. 반응의 뿌리 자체가 달라졌기 때문이다. 이것이 수직적 발달이다. 내면의 구조가 달라질 때 비로소 지속적인 변화가 가능해진다.

ARISE: 마음이 성숙해지는 다섯 가지 단계

그렇다면 내면의 구조가 달라진다는 것은 구체적으로 어떤 모습일까? 오랜 시간 사람들의 이야기를 듣고 함께 걸으며, 내면의 성장이 일정한 흐름을 따른다는 것을 발견했다. 나는 이것을 다섯 단계로 정리했고, ARISE라고 이름 붙였다.

ARISE는 '일어나다', '깨어나다'라는 뜻이다. 잠들어 있던 성인자아가 깨어나는 과정, 내면의 가디언이 일어서는 여정을 담고 있다.

Auto-react(자동반응)

Recognize(자기인식)

Insight(자기이해)

Select(선택)

Evolve(통합)

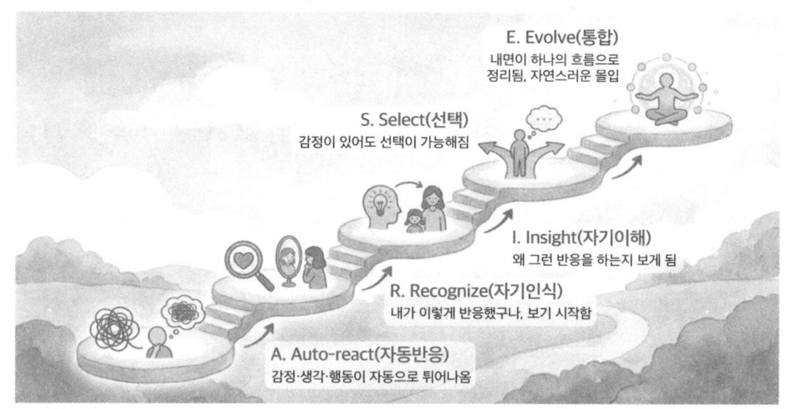

ARISE: 마음이 성숙해지는 다섯 가지 단계

이 단계들은 비교나 우열을 말하려는 것이 아니다. 우리는 모두 이 다섯 단계를 오가며 살아간다. 다만, 어떤 상황에서 어떤 단계에 오래 머무느냐가 삶의 질과 관계의 깊이를 결정할 뿐이다.

A(Auto-react, 자동반응): 감정·생각·행동이 자동으로 튀어나오는 단계

"저도 왜 그러는지 모르겠어요."

이 단계에서는 감정, 생각과 행동이 거의 구분되지 않는다. 화가 나면 말이 거르지 않고 나가고, 불안하면 무언가를 붙잡고, 수치심이 올라오면 회피한다. 과거의 상처가 현재처럼 느껴지고, 타인의 말 한 마디에 감정이 무너진다.

"저도 왜 그러는지 모르겠어요.", "순간적으로 욱해요.", "그냥

자동으로 나와요."

이 단계는 잘못된 것이 아니다. 내면의 구조를 아직 '보기 전'의 상태다. 이는 변화가 시작되기 이전의 상태다. 동시에 모든 변화가 시작되는 자리이기도 하다.

R(Recognize, 자기인식): 내가 이렇게 반응했구나, 보기 시작하는 단계

"왜 내가 이렇게까지 흔들리지?"

어느 순간 사람은 문득 멈춘다. 그리고 조용히 자신과 대화한다.

"아, 내가 방어하고 있구나.", "지금 이 감정은 사실 분노가 아니라 두려움이구나.", "저 말이 왜 이렇게 거슬리지?"

이 단계에서는 감정, 생각과 행동을 분리해서 관찰하게 된다. 처음으로 자기 마음의 지도를 손에 쥐는 순간이다. 자기 인식은 의식이 자기 마음을 비추기 시작했다는 신호다. 이 단계는 아주 중요한 분기점이다. 진정한 의미에서 성장은 여기서부터 시작된다.

I(Insight, 자기이해): 왜 그런 반응을 하는지 보게 되는 단계

"내가 무서워한 건 상사가 아니라, 아버지의 표정이었구나."

사람이 진짜로 달라지는 순간은 대개 이 단계에서 찾아온다. 이 시기, 사람은 자신의 감정과 반응의 뿌리를 처음으로 정면에서 바라본다.

"내가 이렇게 거슬린 건, 예전에 들었던 그 말투 때문이었구나.", "내가 무서워한 건 상사가 아니라, 어린 시절 아버지의 표정

이었구나."

무의식 속에 묻혀 있던 경험과 감정이 현재의 상황을 어떻게 비틀고 있었는지 알게 되는 순간, 마음에서는 조용하지만 강력한 변화가 일어난다. 흑백으로만 보던 관계가 다층적인 현실로 보이기 시작한다. 나쁜 사람과 좋은 사람을 나누며 판단하던 마음이 한 사람의 복잡한 심층을 함께 바라볼 수 있게 된다.

감정과 행동의 배후에서 내면의 자아들—상처받은 나, 두려운 나, 비난하는 나—이 서로 충돌하고 있었음을 이해하게 된다. 마음의 분열이 통합으로 향하는 변화의 핵심 지점이다.

S(Select, 선택): 감정이 있어도 선택이 가능해지는 단계

"예전엔 버럭했는데, 오늘은 조용히 들을 수 있었어요."

통찰이 일어난 사람은 억지로 애쓰지 않아도 행동이 달라지기 시작한다. 감정이 올라와도 바로 반응하지 않는다. 숨을 고르고, 상황을 다시 바라보고, 더 나은 행동을 선택한다.

그전에는 말하려 해도 말문이 막히던 사람이 신중하면서도 솔직한 대화를 하게 된다. 회피하던 사람이 작은 시도들을 해 보고, 갈등 상황에서 필요한 말을 정직하게, 그러나 안전하게 표현하기 시작한다.

"예전엔 욱했는데, 오늘은 상대의 말도 잘 들리고, 저도 침착하게 말할 수 있었어요."

이 단계에서는 목표관리, 관계 기술, 갈등대화, 피드백 같은 구

체적인 도구들이 실제로 효과를 발휘한다. 이전에는 아무리 배우고 연습해도 마음이 그걸 받아들일 준비가 안 되어 있었다. 하지만 이제는 다르다. 성숙한 자아가 중심을 잡으면서, 어려운 대화를 보다 안정감 있게 할 수 있게 된다. 마음이 흔들려도 중심을 되찾는 시간이 짧아진다.

E(Evolve, 통합): 내면이 하나의 흐름으로 정리되는 단계
"더 이상 의식적으로 노력하지 않아도 된다."
행동의 변화가 반복되면 사람의 내면에는 '새로운 나'가 자리잡는다. 이 단계가 되면 내면의 자아들이 서로 싸우지 않는다. 감정은 자연스럽고, 생각은 명료하고, 행동은 일관되고, 관계는 성숙해진다.

의식적으로 애쓰지 않아도, 성숙한 반응이 자연스럽게 일어난다. 감정은 흐르면서도 관계를 방해하지 않고, 대화는 부드러우면서도 효율적이고 깊어진다. 한계를 세울 때에도 마음은 흔들리지 않는다.

"나는 왜 이럴까?", "저 사람은 왜 저러지?" 하며 문제를 키우기보다 '지금 내 안에서 어떤 욕구가 올라오는가?', '지금 우리에게 필요한 것은 무엇인가?'에 귀를 기울인다. 이 단계에서 삶의 중심을 타인의 기준이 아니라 자기 기준에 두기 시작한다. 생산적인 결과를 만들어 내는 기능에 집중한다. 변화가 '의식적으로 애쓰는 행동(Hard Effort)'이 아니라 '자연스러운 몰입(Easy Effort)'이 된 상

태다.

이 자리에 오래 머물다 보면, 고통스러운 경험조차 삶의 일부로 받아들이는 수용성이 생긴다. 어떤 경험에서도 배우고 성장하는 것이 일상이 된다.

회귀는 실패가 아니다

우리는 다시 예전으로 돌아갈 수 있다. 분명히 달라졌다고 느꼈는데, 어느 순간 익숙한 반응이 다시 튀어나온다. 그럴 때 우리는 쉽게 좌절한다.

"결국 나는 안 되는구나."

하지만 이것은 실패가 아니다. 회귀는 마음이 새로운 층위의 진실을 보여 주려는 신호다. 한 겹의 상처가 치유되면, 그 아래 더 깊은 상처가 드러날 때가 있다. 그 순간을 잘 지나가면 사람은 이전보다 더 깊고 안정된 자리로 나아간다.

변화의 흐름은 직선이 아니라 나선이다. 같은 자리를 맴도는 것 같지만, 한 바퀴 돌 때마다 조금씩 상승하며 성장한다.

성장은 의지가 아니라 인식에서 시작된다

수직적 성장은 '더 열심히'가 아니라 '더 깊이 이해하는 것'의 문제다. 자신의 감정을 인식하고, 그 감정의 뿌리를 이해하고, 반응 대신 선택을 하고, 내면의 자아들을 통합해 가는 과정. 이 흐름 안에서 사람은 자연스럽게 변화하고 성장해 간다.

우리는 불완전하지만, 각자의 속도로, 각자의 방식으로 성장할 수 있는 존재다. 배우고 성장하는 능력은 이미 우리 안에 심어진 씨앗이다. 성장은 의지의 문제가 아니다. 애써 바꾸려는 힘에서 시작되지도 않는다. 성장은 인식에서, 자기 안에서 일어나는 일을 알아차리고 이해하는 데서 시작된다.

변화는 서두른다고 오지 않는다. 있는 그대로의 마음을 바라볼 때, 우리 안에 이미 존재하는 변화의 씨앗이 조용히 싹을 틔운다.

"나는 지금 ARISE의 어디쯤에 서 있을까?", "어떤 성장의 문 앞에 서 있을까?"

마음의 구조 이해하기

이번 주, 당신의 마음을 관찰해 보세요.

① 자동반응 알아차리기

오늘 감정이 확 올라온 순간이 있었나요? 그때 '먼저 반응'했나요, '먼저 알아차렸'나요?

② 감정의 신호 읽기

그 감정은 나에게 무엇을 말하고 있었나요?

- 분노　→ "경계가 침범당했다."
- 불안　→ "불확실하다."
- 슬픔　→ "무언가를 잃었다."
- 수치심 → "있는 그대로의 내가 위험하다."

③ 생각과 사실 분리하기

'저 사람이 나를 무시했다.'는 생각이 들었다면, 그것은 '사실'인가요, '해석'인
가요?

④ 의식의 방 점검하기

오늘 하루, 누가 운전대를 잡고 있었나요?

- 내면아이 — 두려움, 억울함, 수치심
- 부모자아 — 비판, 통제, "이래야 해."
- 성인자아 — 관찰, 선택, 조율

가디언의 질문

"오늘 나는 반응했는가, 선택했는가?"

2부

감정의
기원과
내면아이

지금의 반응에는
오래된 이유가 있다

어떤 감정은 유난히 크게 올라옵니다. 사소한 말에 상처받고, 별일 아닌 상황에서 마음이 요동치기도 합니다.

그럴 때 우리는 종종 스스로를 책망합니다. "왜 나는 이 정도밖에 안 될까.", "왜 이 정도도 못 넘길까.", "왜 나는 이렇게 예민할까."

2부에서는 그 질문을 조금 다르게 바꿔 봅니다. 이 감정이 잘못된 것이 아니라면 어떨까요. 지금의 반응이, 한때 나를 지키기 위해 꼭 필요했던 방식이었다면 말입니다.

여기서 만나는 내면아이는 문제가 아니라, 이해 받기를 기다려 온 존재입니다. 너무 이른 시기에 혼자 버텨야 했던 나의 소중한 한 부분입니다.

감정을 없애려 하기보다 그 기원을 이해하기 시작할 때, 우리는 비로소 자신에게 조금 더 친절해질 수 있습니다.

내면아이와의
만남

"남편이 회식 후 늦는다고만 문자하고 연락이 끊긴 채 12시가 넘어갔어요."

영선 씨는 그날 밤을 떠올리며 조용히 말을 이었다. 평소처럼 집안일을 마무리하고 침대에 누웠지만, 좀처럼 잠이 오지 않았다. 시간은 계속 흐르고, 불안과 허전함, 짜증과 외로움이 뒤섞인 감정이 속을 휘젓고 있었다.

그때 갑자기, 아주 낯선 감정이 마음을 가득 채웠다. 마치 일 나간 엄마를 하루 종일 기다리는 어린아이처럼 느껴졌다. 처음 느껴보는, 아니 오랫동안 잊고 지냈던 감정이었다.

'이게 뭐지?' 하는 순간, 왈칵 눈물이 터졌다. 그저 화가 나서 우는 게 아니었다. 설명할 수 없는 쓸쓸함, 누구에게도 말할 수 없었던 오래된 외로움이 온몸을 휘감았다.

창밖을 바라보며 오빠를 기다리던 아이

어린 시절, 아무도 없는 집에서 조용히 작은오빠를 기다리던 기억이 생생히 되살아났다. 오빠가 하교하는 모습을 보며 얼마나 반가웠는지도, 일 나간 엄마가 언제 올까 목 빼고 기다리던 외로움도 모두 어제 일처럼 떠올랐다. 창밖으로 보이는 어스름한 풍경, 장난감 하나 없이 심심하게 있던 오후의 적막함, 라디오에서 흘러나오던 익숙한 멜로디까지.

그 감정과 함께, 그녀는 자신이 남편에게 가졌던 분노와 불안의 실체를 비로소 알게 되었다. 단지 남편의 귀가가 늦은 탓이 아니었다. 어린 시절부터 쌓여온 내면아이의 외로움, 방치되었던 감정이 남편과의 현재 관계를 통해 반복해서 튀어나오고 있었던 것이다.

한참을 울고 난 뒤, 마음이 한결 가벼워졌다. 예전 같았으면 끝없이 이어졌을 원망과 비난이, 이번에는 올라오지 않았다. 내면아이를 만나고, 외로움이라는 감정을 함께해 준 것만으로도 커다란 정화가 일어난 것이다.

"나는 국수 안 먹어!"라고 말하던 아이

영선 씨는 이후, 또 다른 아이의 모습을 만났다. 국수를 싫어하던 자신, 쌀이 없어 국수를 자주 삶아 주던 엄마에게 눈치도 없이 "나는 국수 안 먹어!"라고 거리낌 없이 말하던 기억. 그 천진했던 어린아이는 분명히 존재했다. 하지만 언젠가부터 그녀는 그 아이를 잊고 살고 있었다.

이상하게 성인이 된 지금도 그런 자신이 창피하게 느껴졌다. 천진한 아이의 모습이 드러날 때마다, 마음 한구석에서 익숙한 비판의 목소리가 올라왔다. '괜히 나대지 마라.', '그런 행동은 문제 있다.'는 비판적 목소리. 그 목소리의 근원은 어린 시절 자신을 혼내던 큰오빠였다.

외로운 아이가 올라온 거구나

영선 씨 안에서는 서로 다른 목소리가 충돌하며 끊임없는 내면의 갈등을 만들어 왔었다. 가족을 챙겨야 한다는 책임감과 자신도 좀 쉬고 싶다는 욕구 사이에서 늘 갈등했고, 그 결과 부당함과 죄책감에 시달리곤 했다.

영선 씨는 이제 그 갈등이 단지 '내가 이상해서'가 아니라, 내면에 질서가 아직 잡히지 않았기 때문이라는 것을 이해하게 되었다. 이제는 자기 안의 목소리들을 분별하고, 보다 지혜롭게 조율할 수 있는 성인자아를 키워가기 시작했다.

"지금 내가 이렇게 반응하는 건, 외로운 아이가 올라온 거구나."

그렇게 알아차리는 순간, 흔들리던 감정의 중심이 조금씩 잡혀갔다. 예전에는 누군가의 한 마디에 휘둘렸고, 남편의 퉁명스런 말 한 마디에 마음이 무너졌지만, 이제는 자신의 중심을 잡을 수 있는 힘이 조금 더 생겼다.

이제 괜찮아. 내가 언제나 함께 있어 줄게

그녀는 자신 안의 다양한 자아들과 친구가 되기로 했다. 창피하다고 여겼던 천진한 내면아이, 눈치를 많이 보며 순응하는 내면아이, 오랫동안 방치되었던 외로운 내면아이. 때때로 상처를 감당하지 못해 분노로 터져 나오던 화난 내면아이까지. 이제는 이 아이들에게 말을 걸고, 그들의 목소리에 귀 기울이고, 함께 있어 주기로 했다.

"이제 괜찮아. 내가 언제나 함께 있어 줄게."

어느 순간 남편을 바라보는 시선에도 변화가 찾아왔다. 자기 안의 상처를 돌보기 시작하자, 상대를 원망할 일이 줄어든 것이다. 예전엔 '왜 저 사람은 나를 몰라줄까.'라는 원망이 컸다면, 이제는 '저 사람도 힘든 사람이구나. 자기 나름대로 애쓰고 있구나.'라는 이해가 생겨났다. 미워하던 남편이 안쓰럽게 느껴졌다. 남편을 통제하고 바꾸려 하기보다, 그 감정을 수용하고 자기 자신을 돌보는 데 집중하기 시작했다.

내가 부족한 게 아니었어

이제 영선 씨는 말한다.

"예전에는 나에게 문제가 많다고 생각했어요. 늘 뭔가 부족하고, 뭔가를 잘못하고 있는 사람처럼 느껴졌죠. 그런데 이제는 알아요. 내가 부족한 게 아니라, 내 안의 아이가 너무 오래 외로웠다는 걸. 이제 그 아이를 더는 외롭게 두지 않을 거예요."

내면의 여러 자아들을 인식하고 수용하는 것은 자아 통합의 과정이다. 상처받은 부분을 배제하지 않고 품어 안을 때, 내면의 갈등이 줄어들고 진정한 자기 수용이 가능해진다.

영선 씨의 눈빛에는 더 이상 막연한 두려움이 담겨 있지 않았다. 내면의 고요한 믿음, 자신을 향한 연민, 그리고 그럼에도 사랑할 수 있는 따뜻함이 깃들어 있었다.

감정의 기원을 만나다

영선 씨의 이야기에서 우리는 지금의 반응에 오래된 이유가 있다는 것을 살펴보았다. 사소한 말에 상처받고, 특정 상황에서 마음이 요동치는 것은 나의 결함이 아니라, 내면아이가 보내는 신호였다.

영선 씨는 회식 후 늦게 귀가하는 남편을 기다리며 설명할 수 없는 감정에 휩싸였다. 불안과 분노, 외로움이 뒤섞인 그 감정의 실체는 남편이 아니라 어린 시절 혼자 가족을 기다리던 아이였다. 그녀가 달라진 것은 남편이 바뀌어서가 아니라, 자기 안의 외로운 아이를 만나고 품어 주면서였다.

내면아이는 문제가 아니다. 너무 이른 시기에 혼자 버텨야 했던 나의 일부일 뿐이다. 그 아이를 만나고, 이해하고, 함께 있어 줄 때, 우리는 비로소 자신에게 조금 더 친절해질 수 있다. 그리고 그 친절함은 가까운 사람을 바라보는 시선까지 바꾸어 놓는다.

자기비난의 늪에서
벗어나기

"나는 나를 비난해요. 누구보다도 제가 저를요."

준영 씨는 조용히 웃으며 말했다. 겉보기엔 평범하고 성실한 직장인이었다. 팀에서 좋은 성과를 내고 있었고, 상사나 동료에게 받는 평판도 나쁘지 않았다. 그런데도 준영 씨는 매일 아침 눈을 뜨기 힘들다고 했다.

"아무도 뭐라고 하지 않는데, 이상하게 저는 너무 지쳐 있어요. 다 잘하고 있는 것 같은데, 몸과 마음이 텅 빈 것 같은 느낌이에요."

준영 씨는 자신을 '멋있게 살아야 하는 사람'이라고 생각해 왔다. 힘든 일이 있어도 티 내지 않고, 되도록 긍정적인 말만 하며, 주어진 일도 최선을 다했다. 하지만 준영 씨의 내면에는 아무도 몰랐던 피로와 분노가 쌓이고 있었다.

"사실은 아닌 척하는 거예요. 속으로는 힘든데 괜찮은 척, 짜증 나는데 밝은 척, 하기 싫은데 열심히 하는 척."

왕자에서 노예가 된 기분

준영 씨는 초등학교 저학년 때까지만 해도 자신이 왕자 같았다고 했다. 공부도 잘하고, 힘도 세고, 선생님도 자기를 잘 봐 줬다. 친구들 사이에서도 인기 있는 존재였다.

그런데 초등학교 6학년 무렵 전학을 간 후 모든 게 바뀌었다. 그곳엔 준영 씨가 감당할 수 없는 서열 구조가 있었다. 자기보다 머리 좋은 애들, 힘센 애들 틈에서 준영 씨는 작아졌다.

"이길 수 없다는 걸 알았어요. 그래서 가면을 썼죠. 힘센 척, 멋있는 척."

자기보다 약해 보이는 애들을 놀리며 위에 서려고 했던 적도 있었다.

"유치했어요. 지금 생각하면, 자존심을 지키려고 그랬던 거 같아요. 어딘가에서는 내가 강하다는 것을 인정받고 싶었던 거죠. 그래서… 희생자가 필요했던 것 같기도 해요." 준영 씨는 그런 자기가 싫었다고 했다. 하지만 멈추는 것도 어려웠다. "그게… 그냥 저였어요. 통제할 수 없었어요."

어린 시절의 상처는 '이상적 자아'와 '현실적 자아' 사이에 깊은 골을 만든다. 아이는 자신이 특별하다고 믿다가 현실의 벽에 부딪히면서, 그 충격을 감당하기 위해 가면을 쓰거나 타인을 깎아내리는 방식으로 자존감을 지키려 한다. 어쩌면 무너진 자존감을 보충하기 위한 미숙한 생존 전략인 것이다. 하지만 가면이 두꺼워질수록 진짜 나와의 거리도 멀어진다. 이상적 자아는 과장되고, 현실 자아는 위축되면서, 진짜 자기는 스스로 어쩌지 못하는 무력감 속에 갇혀 버린다.

취약한 나와의 만남

나는 준영 씨에게 제안했다. "그 취약한 나를 이 자리에 앉힌다고 상상해 보세요. 그리고 한번 말을 걸어 보면 어때요?"

준영 씨는 잠시 망설이다가 입을 열었다.

"어이, 찌질이. 너 때문에 내가 얼마나 피곤하게 사는 줄 알아?"

준영 씨는 자리에 앉아 진지하게 '그 존재'와 마주하기 시작했다. 처음에는 가벼운 말투로 툴툴댔다. 이어서 무시하고, 싫어하는 말들을 쏟아냈다. 말을 내뱉을수록, 감정의 층이 조금씩 벗겨지며 깊어졌다.

그 취약한 아이는 20살에 멈춰 있는 청년이었다. 그보다 더 오래된 기억 속에는 전학 와서 교실 구석에 웅크리고 있던 자신이 있었다. 그리고 마지막에는, 포대기에 싸인 한 살짜리 아기가 그 자리에 놓여 있었다. 준영 씨는 그 아기를 한참 바라보다, 문득 이렇게 말했다.

"얘가 왜 이렇게 됐을까⋯. 그냥, 저 좀 살려주세요."

그 순간, 준영 씨의 눈가가 벌개지며 눈물이 흘러내렸다. "모르겠어요⋯. 왜 이렇게 눈물이 나는지." 그제서야 그의 마음이 진실을 알아차렸다. 그 존재는 바로 자신이었다는 것을. 누구보다 외롭고 겁먹은 채로, 혼자 험한 세상을 견디고 있었던 연약한 아이였다는 것을.

그 아이는 준영 씨가 오래도록 문제 있다고 규정하고, 싫어하며 밀어냈던 자기 자신이었다. 그는 다른 사람이 되기 위해 끊임없이 노력해 왔다. 더 잘해 보려고, 더 인정받으려고, 더 강한 사람이 되려고 애써 왔다.

외부의 인정과 성취는 그에게 잠시 숨을 돌리게 해 주는 진통제였다. 취약함을 부정하게 해 주는, 치유의 마약처럼 작동했다. 그러나 그 효과는 오래가지 않았다. 약발이 떨어지면 어김없이, 그 취약한 아이는 다시 고개를 들었다. 긁어도 긁어도 가려움이 사라지지 않는 아토피처럼, 떨쳐내고 싶은데 떨쳐낼수록 더 쓰라린 자기의 한 부분이었다. 그 순간, 준영 씨는 그동안 도망쳐 왔던 자신의 그림자와 처음으로 마주하고 있었다.

자기비난의 뿌리에는 늘 상처받은 내면아이가 있다. 그 아이는 사랑을 잃지 않기 위해 '완벽한 나'를 만들어 내려 애쓴다. 그러나 그 과정에서 자기의 부족한 모습을 누구보다 모질게 미워하고 수치스러워한다.

하지만 미움받아야 한다고 믿어온 그 부분이야말로 가장 먼저 보호받고, 가장 깊이 이해받아야 할 연약한 자기의 핵심이다. 그 아이를 마주하고 품어 주는 순간, 자기비난의 회로는 조금씩 풀려 간다. 성인자아는 비로소 운전석으로 돌아온다. 운전대를 잡고 삶을 이끌 힘을 회복하기 시작한다.

꼭두각시가 된 삶

준영 씨는 학교, 가정, 사회에서 비교당하고 평가받으며 자라왔다고 했다. 가족의 기대가 컸고, 스스로도 '나는 뭔가 될 사람'이라 믿었다. 하지만 현실은 달랐다. 잘난 아들을 원했던 엄마의 인성을 받기 위해 남보다 뛰어나게 잘하는 것이 있어야 했다. 항상 누군가와 경쟁하며, 그보다 잘해야만 안심할 수 있었다.

준영 씨는 항상 자신을 채찍질했다. 누구보다 좋은 성과를 내려고 있는 힘을 다해 달렸고, 모두에게 친절하게 대해 왔다. 그러면서도 누군가에게 인정을 받지 못하면 참기 힘든 불안이 올라왔다.

"누가 나에게 피드백 좀 주면요, 그날 하루 종일 생각나요. 내가 뭘 잘못했나, 나를 싫어하나, 나를 무시하나…. 그런 생각이 머리에서 안 떠나요."

준영 씨는 깨달았다. 자신을 끝없이 채찍질하던 그 목소리는 아빠의 생각, 엄마의 기대가 내면에 각인된 것이라는 걸. 그는 자신이 엄마의 꼭두각시였던 것 같다고 말했다.

부모의 기대와 사회의 기준이 내재화되면, 우리는 자신도 모르게 그 목소리로 자신을 비난하게 된다. '내가 나를 비판하는 것'이 아니라 '내면화된 부모의 목소리가 나를 비난하는 것'이다.

심리학자 하인즈 코헛은 이런 내면의 비판적 목소리를, 어린 시절 충분한 공감과 인정을 받지 못한 아이가 이상적인 부모의 모습을 내면화한 결과로 보았다. 이 목소리는 자기비난과 억압의 형태로 작동하며, 진정한 자기 수용을 방해하는 핵심 요인이 된다.

취약한 나도 소중한 나다

좋은 것은 자기라고 받아들이고, 나쁜 것은 자기가 아니라고 배척하고 싶은 마음은 누구나 있다. 하지만 우리 안에는 좋은 것과 나쁜 것이 항상 함께 있다.

자기 안의 양가적인 모습을 수용할 수 있을 때, 우리는 한 차원 높은 수준에서 자신을 바라볼 수 있게 된다. 성인자아의 시각으로 있는 그대로의 나를 수용하고, 그 자리에서 다시 시작할 힘을 얻는다.

어느 날 준영 씨는 담담하게 말했다.

"그런데요, 이젠 조금 알 것 같아요. 좋은 것과 나쁜 건 항상 같이 있더라고요. 내가 찌질할 때도 있고, 괜찮을 때도 있고…. 그게 다 저였더라고요."

우리는 누구나 '잘 살아야 한다'는 압박 속에 산다. 하지만 그 기준은 대개 남이 정해 준 기대와 비교에서 시작된다. 그 안에서 우리는 점점 나를 잃어 간다. 하지만 버려진 자아는 사라지지 않는다. 무의식 속에 남아, 부정적인 생각과 감정, 충동으로 우리 삶을 고통스럽게 만든다.

자기 안의 부족함을 인정하는 것은 결코 우리를 약하게 만들지 않는다. 오히려 취약한 나를 받아들일 때, 비로소 우리는 진짜 강한 나로 살아갈 수 있다.

완벽하지 않은 나, 때로는 찌질한 나도 내 안의 소중한 나다. 그 존재를 미워하지 않고 함께 살아가는 연습. 그것이 자기비난의 늪에서 벗어나는 길이다.

혹시 당신도 마음 한구석에서 끊임없이 자신을 비난하는 목소리를 듣고 있지는 않은가?

그 목소리는 정말 '나'의 목소리인가, 아니면 오래전 누군가에게 배운 목소리인가?

마음의 작동 원리:
수치심, 불안, 분노

회의 시간이었다. 팀장이 모두가 보는 앞에서 그의 보고서를 지적했다. "이게 뭐야. 이렇게 허술하게 일하면 어떡해." 그 순간 얼굴이 화끈거렸다. 가슴이 쪼그라드는 것 같았다. 집에 돌아와서도 그 장면이 떠올랐다. 자꾸 화가 났다. "그 사람은 원래 그래.", "나한테만 유독 그러는 거야." 분노가 끓어올랐다. 그런데 그 분노 아래에는 다른 감정이 숨어 있었다. 나는 무능한 사람인가. 나는 이 정도밖에 안 되는 건가. 그것은 수치심이었다.

수치심은 사람이 경험할 수 있는 가장 힘든 감정이다. 죄의식이 '내가 한 행동이 잘못됐다'는 느낌이라면, 수치심은 '내 존재 자체가 문제다'라는 느낌이다. 죄의식은 자책하게 하지만, 수치심은 존재를 무너뜨린다. 그래서 마음은 수치심만큼은 느끼지 않으려 한다. 가장 강력한 방어막을 세운다. 수치심을 느끼면 살아갈 이유를 잃어버리는 것 같기 때문이다. 일종의 생존 본능이다.

그래서 수치심이 올라오려 하면 마음은 경보를 울린다. 그것이 불안이다. "위험해. 이 감정이 올라오면 안 돼." 심장이 빨라지고, 몸이 긴장한다. 수치심이 드러날까 봐 두려워하는 마음, 그것이 많은 불안의 정체다.

그런데 불안도 견디기 어렵다. 불안을 느끼기가 불안한 것이다. 그래서 마음은 한 발 더 나아간다. 수치심을 느끼느니, 차라리 화를 낸다. 분노는 에너지를 바깥으로 돌린다. 상대를 탓하고, 비난하고, 공격한다. 수치심을 나 대신 상대가 느끼도록 만드는 것이다. 스스로 감당할 수 없는 감정을 상대에게 떠넘기는 것이다.

분노는 기본적으로 욕구 좌절의 감정이다. 원하는 것을 얻으려는 강력한 에너지다. 그러나 많은 분노는 수치심과 연결되어 있다. 이런 분노는 겉으로 드러난 상황을 아무리 해결해도 사라지지 않는다. 기저에 있는 감정의 근원을 해소하지 않으면, 상황과 양상을 바꿔가며 반복된다.

수치심이 1차 감정이라면, 불안과 분노는 2차 감정이다. 수치심이 느껴질 것 같으니 불안하고, 수치심을 보호하기 위해 화를 낸다.

수치심을 마주하는 법

수치심을 마주하는 첫 번째 단계는 그것을 느끼는 자신을 판단하지 않는 것이다. '수치심을 느끼는 나는 문제 있는 사람이야.'가 아니라, '지금 수치심이 올라오고 있구나.'하고 알아차리는 것이다.

그 순간, 수치심은 나를 집어삼키는 괴물에서 관찰 가능한 감정으로 바뀐다.

두 번째는 수치심 아래에 있는 욕구를 발견하는 것이다. 수치심은 대개 '인정받고 싶다', '사랑받고 싶다', '존중받고 싶다'는 욕구가 좌절될 때 올라온다. 그 욕구는 부끄러운 것이 아니다. 인간이라면 누구나 갖고 있는 자연스러운 마음이다.

세 번째는 수치심을 느끼는 나를 따뜻하게 대하는 것이다. 내면 아이가 무너지지 않도록, 성인자아가 곁에서 말해 준다. "그래, 지금 많이 힘들구나. 그럴 수 있어. 그래도 넌 괜찮아."

겉으로 드러난 분노 아래 숨어 있는 수치심을 알아주고 들어줄 때, 비로소 마음의 실타래가 풀리기 시작한다.

지금 느끼는 그 분노, 정말 상대 때문인가? 아니면 그 아래 숨어 있는 무언가가 보호받으려고 소리치는 것은 아닌가?

과거에 사로잡힌 현재

우리는 지금 눈앞의 상황에 반응한다고 생각한다. 하지만 실제로는 과거의 감정에 반응하고 있을 때가 많다. 같은 말을 듣고도 누군가는 가볍게 넘기고, 누군가는 존재 자체가 부정당하는 듯한 아픔을 느낀다. 차이는 상대방의 말이 아니라, 그 말이 건드리는 내 안의 오래된 상처에서 비롯된다.

트라우마는 과거의 경험이 현재 상황에서 재활성화되는 현상이다. 이때 우리는 현재의 상황을 있는 그대로 보지 못하고, 과거의 렌즈를 통해 왜곡해서 해석하게 된다. 우리가 알든 모르든, 우리가 겪는 감정 중 상당수는 과거의 미해결된 크고 작은 트라우마에서 기인한다.

"밥이 왜 이래? 먹을 게 없잖아."

아들의 짧은 말 한 마디에 지현 씨는 순간적으로 얼어붙었다.

가슴이 먹먹하고 숨이 막혔다. 머릿속은 하얘지고 대꾸할 말이 떠오르지 않았다. 그 말이 너무 차갑게 느껴졌다. 그 순간 그녀는 더 이상 엄마가 아니었다. 다시, 혼나는 아이가 되어 있었다.

지현 씨는 40대 중반의 워킹맘이다. 프리랜서로 일하며 두 아이를 키우고, 누구보다 최선을 다해 가족을 돌보며 살아왔다. 하지만 첫째 아이와의 관계에서 반복적으로 마주하는 감정의 파도는 점점 그녀를 지치게 만들고 있었다.

"애가 화를 낼 수도 있죠. 그런데 저는요…. 그 순간에 제가 뭔가 큰 잘못을 한 사람처럼 느껴져요. 그리고 '나는 왜 이렇게까지 해 줬는데도 부족한 엄마지?'라는 생각이 한꺼번에 올라와요."

그 감정은 단순한 서운함이 아니었다. 마치 존재 자체가 부정당하는 듯한 수치심과 억울함, 그리고 어디에도 속할 수 없을 것 같다는 고립감이 겹쳐 올라왔다.

감정의 뿌리

시간이 흐르면서 지현 씨는 이 감정의 뿌리를 조금씩 들여다보게 되었다. 그건 단지 아이의 태도나 말투 때문이 아니라, 과거에 각인된 '혼나던 아이'의 기억이 지금 되살아난 것이었다.

"어릴 때, 저희 아빠가 굉장히 무서웠어요. 조금만 실수해도 소리 지르고, 따지듯 말했거든요. 그럴 때마다 저는 머리가 하얘지고, '왜?'라는 말도 못 하고 꾸중을 들었어요."

그 기억은 그녀의 몸에 고스란히 남아 있었다. 아이가 짜증 섞인 말투를 쓸 때, 지현 씨는 자기도 모르게 과거의 감정 상태로 되돌아갔다. 지금의 상황에 반응하는 것이 아니라, 과거의 감정에 반응하고 있었던 것이다. 지현 씨에게 아들의 불만은 단순한 반찬 투정이 아니라 자신을 부정하는 공격으로 느껴졌다.

침묵이라는 공격

이러한 감정 반응은 남편과의 관계에서도 반복되고 있었다. 남편은 갈등을 회피하는 사람이었다. 대화를 하다가 아내가 속상한 일을 말하면 말없이 핸드폰을 보곤 했다. 답답한 마음에 왜 그러냐고 따지면 자기 방으로 들어가 문을 닫아 버리고 대화를 단절하곤 했다. 그럴 때마다 지현 씨는 설명할 수 없는 모멸감과 참을 수 없는 분노가 치밀어 올라왔다.

그녀는 남편에게 무시당했다고 느꼈다. 침묵과 회피로 일관하는 남편이 자기를 싫어한다고 여겼다. 감정을 표현한 자신이 뭔가 크게 잘못한 사람처럼 느껴졌다.

남편도 문제는 있었다. 갈등을 직면하고 대화로 풀어나갈 수 있는 능력이 부족했다. 직장에서는 유능한 사람이었지만, 갈등 앞에서는 유치원생 어린아이 같았다.

그러나 지현 씨는 남편의 태도를 미성숙의 문제로 보지 않았다. 남편이 자기를 사랑하지 않기 때문에 무시한다고 생각했다. 그녀의 해석에는 과거의 상처가 덧씌워져 있었다.

어린 시절, 아버지 앞에서 아무 말도 못 한 채 꾸중을 듣던 기억. 반박할 수도, 도망칠 수도 없었던 그 순간의 무력감. 두려움과 함께 삼켜야 했던 분노가 그녀의 가슴 깊은 곳에 남아 있었다. 우리는 종종, 과거에 느꼈던 감정을 지금 눈앞의 사람에게 덧씌운 채 반응한다. 이것을 심리학에서는 '투사'라고 부른다. 지금 그 분노는 침묵의 형태로 자신을 외면하는 남편에게 투사되어 폭발하고 있었다.

남편의 회피적 태도가 실제로 아내에 대한 말 없는 비난이었을 수도 있었다. 그러나 그것이 지현 씨의 존재 전체를 부정하는 메시지처럼 받아들여진 이유는 그녀 안에 있는 '억압된 분노와 풀지 못한 억울함'이 결합된 과거의 감정 때문이었다.

지금 나는 어떤 나인가?

변화는 아주 작은 순간에서 시작되었다. 지현 씨는 한 가지 연습을 하기로 했다. 감정이 튀어오를 때, 단 2초만 멈추고 스스로에게 질문해 보는 것.

"지금 나는, 현재에 반응하고 있나? 아니면 과거에 끌려가고 있나?"

그 질문은 마치 정지 버튼처럼 그녀를 멈추게 했다. 아이의 말한 마디가, 남편의 침묵이, 모두 나를 거부한 게 아니라 그들 각자의 감정이나 한계일 수 있다는 인식이 그녀 안에 조금씩 자리 잡았다.

지현 씨는 화난 내면아이에게 마음속으로 말했다.

"그 말은, 나를 공격한 게 아니야. 그건 아이의 감정일 뿐이야."

남편의 침묵에 대해서도 "그 사람은 지금 감정을 다루는 법을 몰라서 피하고 있는 걸 수도 있어. 내가 지금 이 장면을 확대해서 해석하고 있을지도 몰라.", "이 사람은 나를 무시하는 게 아닐 수 있어." 이렇게 대화하는 순간, 감정의 자동적인 반응은 느슨해지기 시작했다.

네 편이 되어 줄게

어느 날 지현 씨는 소파 구석에 웅크리고 있는 작은 자신을 떠올렸다.

"넌 잘못한 게 없었어. 네가 문제가 있던 게 아니야. 네가 부족한 게 아니야. 넌 괜찮아. 누구나 실수할 수 있어. 모든 사람은 완벽하지 않아. 모두가 그렇게 배우고 성장하는 거야. 이제는 내가, 네 편이 되어 줄게."

지현 씨의 눈에서 한없이 눈물이 흘러내렸다. 누군가가 아니라, 자신이 자신에게 건네는 따뜻한 말이 이렇게 위로가 될 수 있다는 걸 처음 알았다.

내면아이 치유는 과거의 상처받은 자신을 현재의 성인자아가 돌보는 과정이다. 어린 시절 받지 못한 위로와 사랑을 스스로에게 해 주는 것이다. 그것이 과거에 얽매인 내면아이의 감정을 풀어준다. 과거의 기억에서 벗어나 현재를 살아갈 수 있게 해 준다.

내 안의 과거를 보여 주는 신호

과거의 그녀는 감정이 올라오면 그 감정을 진실이라고 믿었다. 무시당했다는 감정이 올라오면, 그 순간 감정은 진실이 되었다. 자신을 무시한 남편은 당연히 나쁜 사람이 되었다. 자신을 무시한 사람에게 복수하는 것은 정의로운 일이 되었다. 억울하다. 외롭다. 화난다. 이런 감정이 올라올 때 세상도 그렇게만 보였다.

그러나 감정은 상황에 대한 진실이 아닐 수 있다. 단지 자기 안의 과거를 보여 주는 신호가 될 수도 있다. 그리고 감정을 그저 지나가는 감정으로 지켜볼 수도 있다. 그러면 특정 감정에 매여 관계를 더 힘들게 만들거나 감정의 파도에 휩쓸려 떠내려가는 일이 잦아들기 시작한다. 자기 안에 일어난 감정의 정보를 통해 보다 지혜롭게 상황을 해석하고 소통해갈 수 있는 성인자아의 기능이 활성화된다.

지현 씨는 지금도 아이의 퉁명스러운 말에 가슴이 철렁 내려앉을 때가 있고, 남편의 침묵에 분노가 치밀어 오를 때도 있다. 하지만 이제 그녀는 그 순간 잠시 멈춘다. '지금 나는 현재에 반응하고 있나, 과거에 끌려가고 있나?'

그 작은 틈 하나가 그녀와 아이, 그녀와 남편 사이에 다시 마음을 이어 줄 수 있는 다리가 되어가고 있었다. 과거는 바꿀 수 없지만, 과거가 현재를 지배하지 않게 할 수는 있다.

마음의 작동 원리:
반복강박

비슷한 일이 자꾸 반복된다고 느낀 적이 있는가. 비슷한 유형의 사람에게 끌리고, 비슷한 방식으로 실망하고, 결국 비슷한 상처를 입을 때가 있다. 관계의 얼굴만 달라질 뿐, 아파지는 지점은 늘 익숙하다.

이런 반복에는 이름이 있다. 반복강박이다.

반복강박은 과거에 해결되지 않은 감정이 현재의 삶에서 다시 재생되는 마음의 자동 프로그램이다. 이 개념을 처음 발견한 사람은 프로이트다. 그는 전쟁에서 돌아온 병사들이 전장의 공포를 꿈에서, 기억에서, 몸의 반응으로 끊임없이 다시 겪는 것을 보았다.

끔찍했던 경험을 왜 다시 불러오는 걸까? 프로이트는 이것이 우연이 아니라고 보았다. 마음은 '그때 감당하지 못한 것을 이번에는 감당해 보겠다'는 시도를 반복한다. 전쟁의 공포 속에서 돌보지 못했던 감정을 제대로 돌보고 싶다는 마음의 간청이다.

전쟁을 겪은 사람만 그런 것이 아니다. 우리 대부분은 어린 시절 나름의 전쟁을 치렀다. 무의식은 '그때 해결하지 못한 것을 이번에는 해결하겠다'는 시도를 끊임없이 반복한다. 그러나 대부분의 경우, 해결이 아니라 고통의 반복으로 끝난다.

어린 시절 엄마에게 충분히 사랑받지 못한 사람이 있다고 해 보자. 그는 연애를 시작할 때마다 상대에게서 무조건적인 따뜻함을 기대한다. 그리고 조금만 소홀해지면 버림받는 느낌에 휩싸인다. 매달리거나, 먼저 떠난다. 상처받는 것이 두려워 먼저 관계를 끊어 버리는 것이다. 결과는 늘 비슷하다. 관계는 깨지고, 상처만 남는다.

어린 시절 아버지에게 인정받지 못한 사람이 있다. 성인이 되어 직장에 들어갔는데, 어느 순간 보니 '인정해 주지 않는 상사' 앞에 서 있다. 그리고 또다시 그 상사에게 인정받으려 애쓴다. 결국 같은 상처가 반복된다. 이것은 우연이 아니다. 과거의 결핍이 현재의 관계 위에 겹쳐 재생되고 있는 것이다.

반복강박의 밑바닥에 있는 목소리

"나 좀 봐줘.", "나를 알아줘.", "그때 너무 힘들었어."

반복강박은 이 목소리를 다시 들려달라는 마음의 외침이다. 문제는 우리에게 그 목소리를 들을 귀가 없다는 데 있다. 우리는 반복을 자책하거나, 상대를 탓할 뿐, 그 반복이 무엇을 말하려 하는지는 묻지 않는다.

그래서 반복강박은 우리를 좌절하게 만든다. 아무리 애써도 바뀌지 않는 현실 앞에서 무력감을 느낀다. 그리고 그 책임을 가까운 사람에게 돌린다. 과거에 받지 못한 사랑을 지금의 관계에서 받아내려 한다. 부모조차 줄 수 없었던 완벽한 사랑을 기대한다. 상대는 감당할 수 없고, 관계는 다시 무너진다.

그러나 반복강박은 다른 한편으로 기회다. 증상이 있다는 것은 마음이 여전히 살아 있다는 뜻이다. 변화의 희망을 품고 있는 것이다. 드러나지 않은 상처는 안에서 곪아 더 깊은 병으로 돌아온다. 반복강박은 그 전에 보내는 신호다.

우리가 하는 일은 이 반복을 멈추게 하는 것이 아니다. 그 반복이 무엇을 말하고 있는지 멈춰서 함께 듣는 것이다.

"지금 이 감정은 어디에서 왔을까?", "이 관계는 과거의 어떤 장면을 다시 부르고 있을까?"

이 질문이 시작될 때, 반복은 운명이 아니라 메시지가 된다. 같은 장면에서 다른 선택을 할 수 있게 된다.

반복강박은 나를 괴롭히려고 하는 것이 아니다. 아직 끝나지 않은 이야기를, 이번에는 다르게 만나달라는 마음의 요청이다. 과거에서 벗어나 미래로 나아가고 싶다는 간절한 소망이다.

인정욕구의 심리학

많은 사람들이 타인의 평가에 흔들린다. 칭찬 한 마디에 하루가 밝아지고, 비판 한 마디에 존재 전체가 위태로워진다. 이것은 성격의 문제가 아니다. 여기에는 애착이라는 깊은 심리적 구조가 작동하고 있다.

인정은 생존 전략이었다

아이에게 인정은 단순한 감정적 욕망이 아니다. 인정은 곧 안전의 신호이고, 존재의 승인이다.

부모의 미소는 "나는 괜찮은 아이구나."라는 메시지가 된다. 부모의 무관심은 "뭔가 잘못했나?"라는 불안이 된다. 부모의 비난은 "나는 부족한 존재인가?"라는 두려움이 된다.

그래서 아이는 자연스럽게 생존을 위한 전략을 발달시킨다. 칭찬받는 행동을 반복하고, 부정적 반응을 피하기 위해 눈치를 보고, 타인의 감정 변화를 민감하게 감지한다. 아이에게 이 전략들은 필요했다. 문제는 이 전략이 성인이 되어서도 그대로 작동할 때 생긴다.

내면아이가 앞에 서 있을 때

성인이 되어서도 인정욕구가 강하게 남아 있다면, 아직 성장하지 못한 내면아이가 앞에 서 있는 것이다.

내면아이는 이렇게 믿는다. "내가 괜찮다는 말을 누군가가 해줘야 해.", "누군가의 인정이 없으면 나는 위태로워.", "타인이 나를 어떻게 보는지가 중요해."

이 신념의 문제는 타인의 반응이 나의 가치를 결정하는 구조로 살게 만든다는 것이다. 칭찬 한 마디에 과하게 들뜨고, 비판 한 마디에 존재 전체가 흔들리고, 말투 하나에 감정이 상처받는다.

인정욕구가 만드는 문제들

인정욕구가 지나칠 때 따라오는 문제들이 있다.

과도한 집착이 생긴다. 지나치게 노력하고, 관계 속에서 붙잡고 맞추려 한다. 완벽주의가 작동한다. 작은 실수도 용납하기 어렵고 좋은 평가를 받기 위해 완벽하게 해내야 한다고 믿는다. 피해의식이 자란다. 기대했던 인정을 받지 못하면 "내가 이렇게 했는데도 왜?"라는 원망이 생긴다. 관계가 왜곡된다. 타인을 도울 때 순수한 도움이 어렵다. 보상 받으려는 기대가 남기 때문이다.

인정욕구가 강한 사람은 자신도 괴롭고, 관계도 괴로워진다.

성인자아가 중심에 설 때

내면아이가 타인의 인정에 의존한다면, 성인자아는 자기 돌봄을 통해 안정을 찾는다. 내면아이가 평가에 흔들린다면, 성인자아는 평가를 정보로 받아들인다. 내면아이가 "나는 괜찮은가?"를 묻는다면, 성인자아는 "나는 어떤 선택을 할 것인가?"를 묻는다.

성인자아가 중심에 서면 외부 반응을 다르게 다룰 수 있다. 칭찬을 받으면 기뻐하되 거기에 매이지 않는다. 비판을 받으면 방어하기 전에 "이 안에 도움이 될 부분이 있을까?"를 먼저 묻는다. 무관심을 보이면 "그럴 수도 있지."라고 받아들인다. 타인의 반응이 나의 가치를 결정하지 않는다는 것을 알기 때문이다. 어떤 반응이 와도 자신의 중심은 흔들리지 않는다.

성장의 흐름: ARISE

A(Auto-react, 자동반응): 타인의 평가에 휘둘린다. 칭찬에 들뜨고,

비난에 무너진다. 말투 하나, 눈빛 하나에도 감정이 요동친다. 이 단계에서는 자신이 휘둘리고 있다는 사실조차 알아차리지 못한다.

R(Recognize, 자기인식): 자신의 반응을 알아차린다. "아, 내가 인정에 목말라 있었구나.", "저 말 한 마디에 이렇게 흔들리고 있구나." 자동 반응과 거리를 두고 바라볼 수 있게 된다.

I(Insight, 자기이해): 내면아이를 돌본다. "왜 나는 이렇게 인정에 민감할까?", "이 욕구는 어디서 왔을까?" 과거의 경험과 연결하며 자기 마음의 구조를 이해하기 시작한다. "괜찮아. 인정받고 싶은 마음은 자연스러운 거야."

S(Select, 선택): 성인자아가 중심을 잡는다. 칭찬을 받으면 "고맙습니다.", 비판받으면 "도움되는 부분이 있을까?", 무관심 앞에서는 "그럴 수도 있지." 이렇게 반응하는 대신 선택할 수 있게 된다.

E(Evolve, 통합): 관계에서 자유가 생긴다. 인정은 '필요'가 아니라 '있으면 좋은 선물'이 된다. 타인의 인정욕구도 이해하게 된다. 사람을 있는 그대로 인정할 수 있게 된다.

인정욕구에서 자유로워진다는 것은 인정을 원하지 않게 되는 것이 아니다. 인정이 없어도 괜찮은 내면의 중심을 갖게 되는 것이다. 이것이 ARISE 단계를 통해 얻을 수 있는 심리적 독립이다.

"누가 나를 어떻게 보든, 나는 나로서 괜찮다."

"내 중심은 밖이 아니라 내 안에 있다."

인정받고 싶은 마음의 뿌리

앞서 인정욕구의 심리적 구조를 살펴보았다. 이번에는 한 사람의 이야기를 통해 그 욕구가 실제로 어떻게 작동하고, 어떻게 변화해가는지를 따라가 본다.

"그냥… 왜 이렇게 신경이 쓰이는지 모르겠어요. 그 사람이 뭘 어떻게 말하든, 제 머릿속에서 계속 재생돼요."

지훈 씨가 말한 '그 사람'은 회사 팀장이었다. 겉으론 문제될 것 없이 좋은 상사였지만, 그는 팀장의 말투, 표정, 미묘한 리액션 하나하나에 마음이 요동쳤다.

"회의 시간에 신입 대리 의견에는 잘 반응하면서, 제가 뭔가 말하면 '그건 좀 아닌 것 같아' 하면서 눈을 피하거든요. 그럼 그 말이 하루 종일 머리에 맴돌아요."

타인의 평가가 나의 전부가 될 때

지훈 씨는 인정받고 싶었다. 팀장에게, 동료에게, 여자친구에게도.

"그냥, 제가 괜찮은 사람이라는 걸 알아줬으면 좋겠어요. 잘하고 있다는 말, 고맙다는 말…. 그런 게 필요하다는 게 스스로도 좀 부끄러워요."

인정욕구는 인간의 기본적인 심리적 욕구 중 하나다. 하지만 어린 시절 충분한 인정을 받지 못한 사람은 성인이 되어서도 타인의 평가에 과도하게 민감해진다. 작은 무시도 크게 느끼고, 충분한 인정도 부족하게 느낀다.

아버지의 빈자리, 어머니의 과잉

지훈 씨의 아버지는 무뚝뚝했고, 감정을 드러내는 법이 없었다. "잘했다."는 말도, "수고했다."는 말도 듣기 어려웠다.

반면 어머니는 감정 기복이 컸고, 아들과 지나치게 얽혀 있었다.

"엄마는 제가 엄마 마음을 다 받아주길 바랐어요. 제가 힘들다고 하면, '내가 더 힘들어.'라고 했고요."

지훈 씨는 그렇게 엄마의 감정을 책임지며 자랐다. 심리학에서는 이를 '부모화(parentification)'라고 부른다. 아이가 부모의 감정과 욕구를 책임지며 성인 역할을 떠맡게 되는 현상이다. 지훈 씨는 아버지의 빈자리까지 대신 채우며, 너무 이른 나이에 어른이 되어야 했다.

이런 상황에서 아이는 자신의 욕구를 건강하게 표현하는 법을 배우기 어렵다. 대신 타인의 감정을 읽고, 맞추고, 돌보는 데 익숙해진다. 그리고 그 돌봄에 대한 보상으로 인정을 기대하게 된다. 문제는 그 인정이 원하는 만큼 충분하지 않다는 것이다. 상대는 줄 수 있는 만큼 줬다고 해도 받는 나는 여전히 인정이 고픈 상태가 되는 것이다. 아무리 먹어도 채워지지 않는 허기처럼 내면의 공허함이 따라다니곤 한다.

50점짜리 사람이라는 믿음

지훈 씨는 스스로를 '50점짜리 사람'이라고 느꼈다. 그는 여자친구도 자기 같은 50점짜리 사람을 만나야 한다고 했다. 자기보다 괜찮은 사람하고 있으면, 언젠가 상대가 떠나갈 것 같다고 하며 씁쓸하게 웃었다.

그는 인정받기 위해 많은 노력을 했다. 고통을 인내하며 더 잘하기 위해 최선을 다했다. 하지만 그 모든 노력은 역설적으로 '나는 원래 부족한 사람'이라는 믿음을 강화할 뿐이었다.

그는 열심히 일했고 좋은 성과도 냈다. 하지만 칭찬을 받아도 체감되지 않았다. 그의 엄마는 늘 기대가 높았다고 했다. 공부를 잘해서 좋은 성적이 나오면 '더 잘할 수 있잖아.'라고 했다. 잘하는 건 칭찬받을 일이 아니라 당연한 일이라고 여겼다. 그래서 그는 뭘 해도 부족하고, 아직 멀었다는 생각이 든다고 했다.

그는 100점이 아니면 실패라고 느꼈고 90점을 받아도 '형편없는 사람'처럼 느끼고 있었다. 그러나 자신에 대한 엄격한 기준은 스스로 세운 것이 아니었다. 어린 시절 심어진 엄마의 잣대였다.

그때 들었던 엄마의 목소리가 그의 어깨 위에서 '부족해, 더 잘해야 해.'라고 계속 감시하고 있었다.

간헐적 보너스라는 관점

인정은 언제나 내가 기대한 방식으로 오지는 않는다. 오히려 불규칙하게, 간헐적으로 주어지는 경우가 많다. 내가 아무리 잘해도 외부의 인정은 다른 사람에게서 받는 것이다. 그 사람의 기준과 상황에 따라 달라지기 마련이다. 내가 통제하거나 강제할 수 있는 것이 아니다. 그러나 우리는 자신이 어쩔 수 없는 것을 받으려고 한다. 통제할 수 없는 것을 통제하려고 한다. 불가능한 것을 가능하다고 믿고 현실적이지 않은 기대를 하곤 한다.

문제는 인정을 받지 못하기 때문이 아니라, '받아야 한다'는 기대가 굳어질 때 시작된다. 기대한 보상이 오지 않으면 마음은 불안해지고, 뇌는 즉각적인 위안을 찾기 시작한다. 상대를 원망하거나 세상을 탓한다. 인정의 책임을 외부로 돌리는 것이다. 그리고 사람들은 의미 없는 자극, 잠깐 기분을 올려주는 가짜 보상에 쉽게 끌리기도 한다.

하지만 그런 보상은 마음의 허기를 채워 주지 못한다. 마음은 금세 허해지고, 더 강한 자극을 찾곤 한다. 반대로, 인정이 본래 간헐적으로 오는 것임을 이해하면 기대는 느슨해지고, 실망도 줄어든다. 인정은 필수가 아니라 있으면 좋은 보너스가 된다. 그 순간,

마음은 조급함을 내려놓는다. 지금 내가 정말 중요하게 여기는 일에 에너지를 쓸 수 있는 안정감을 회복한다.

나는 말했다.

"인정은 언제나 기대대로 오는 게 아니에요. 간헐적으로 주어지는 보상 같은 거죠. 기대하면 오히려 실망이 커질 수 있어요."

몇 번의 대화 끝에, 지훈 씨는 팀장과의 관계를 조금 다른 눈으로 보기 시작했다.

"사실 팀장이 저를 전혀 몰라준 것도 아니었어요. 그런데 제가 원했던 방식으로 표현해 주지 않으면, 괜히 인정받지 못한 것처럼 느껴졌던 거예요."

"이제는 인정받지 않는 날이 기본값이라고 생각하려고요. 그리고 가끔 인정받으면, 그건 그냥 보너스인 거예요."

지훈 씨는 웃으며 말했다.

"그러니까 이제는 덜 불안해요. 내가 뭔가 잘못한 게 아닐 수 있구나 싶고. 그냥 내 할 일 하면 되는 거구나 싶어요."

기대를 현실에 맞게 조정하는 것만으로도 마음은 놀랍도록 달라진다. '인정받아야 한다'에서 '인정은 간헐적 보너스'라고 관점을 바꾸면, 인정 결핍에 대한 과도한 불안이 줄어든다. 외부 반응에 의존하지 않는 건강한 자존감이 자라난다.

혹시 당신도 누군가의 인정에 목말라 있지는 않은가? 그 인정은 정말 '그 사람'에게서 받아야만 하는 것일까? 아니면, 먼저 나 자신에게 건네야 할 말은 아닐까?

내면아이 만나기

이번 주, 상처받은 아이의 목소리를 들어보세요.

① 어린 시절로 돌아가기

지금 나를 힘들게 하는 감정이 있다면, 그 감정을 처음 느꼈던 때는 언제인가요? 몇 살의 내가 떠오르나요?

② 내면아이의 세 얼굴 찾기

이번 주 나를 움직인 내면아이는 누구였나요?

□ 상처받은 아이 ― 버림받을까 봐, 비판받을까 봐 두려워하는 아이

□ 자기중심적인 아이 ― 당장 원하는 것을 얻고 싶은, 기다리지 못하는 아이

□ 놀라운 아이 ― 호기심과 기쁨으로 가득한, 놀고 싶은 아이

③ 그 아이에게 말 걸기

상처받은 아이가 나타났다면, 그 아이에게 해 주고 싶은 말은 무엇인가요?

"그때 많이 힘들었구나.", "네 잘못이 아니었어.", "이제는 내가 지켜줄게."

직접 써 보세요:

④ 부모자아의 갑옷 살펴보기

나를 가장 자주 비판하는 내면의 목소리는 무엇인가요? 그 목소리는 어디에서 온 것인가요?

가디언의 질문

"그때 그 아이는 무엇이 필요했을까?"

3부

반복되는
마음의
패턴을 보다

문제는 성격이 아니라 구조다

1부에서 우리는 마음의 구조를 살펴보았습니다. 내면아이, 부모 자아, 성인자아가 어떻게 상호작용하는지, 누가 의식의 방에서 주도권을 쥐느냐에 따라 반응이 어떻게 달라지는지를 보았습니다.

2부에서는 그 구조가 어디서 왔는지를 탐색했습니다. 지금의 감정 반응이 과거의 상처에서 비롯된다는 것, 내면아이가 문제가 아니라 이해 받기를 기다려 온 존재라는 것을 이해했습니다.

이제 3부에서는 그 구조가 현재의 삶에서 어떻게 반복되는지를 봅니다.

우리는 종종 자신을 성격으로 설명합니다. "원래 나는 이런 사람이야.", "나는 이 지점이 한계야."라고요. 하지만 정말 그럴까요? 우리의 문제는 정말 성격 때문일까요?

이 부에서는 반복되는 감정과 관계의 문제를 의지나 태도의 문제가 아니라, 마음의 구조로 바라봅니다. 왜 늘 비슷한 선택을 하고, 왜 같은 갈등에서 힘들어하며, 왜 후회가 예고된 행동을 반복하는지를 살펴봅니다.

여기서 중요한 것은 바꾸려는 것이 아닙니다. 마음의 패턴을 '보는 것'입니다. 제대로 보이기 시작하면, 우리는 더 이상 그 패턴 안에 갇히지 않게 됩니다. 그리고 비로소, 다르게 선택할 수 있는 자유가 생깁니다.

같은 문제,
다른 차원의 변화

두 갈래 길 앞에 선 사람

"저는 정말 잘 모르겠어요. 뭘 해도 안 되는 것 같아요."

민수 씨는 팀장이 된 지 6개월이 지났지만, 여전히 혼란스러웠다. 팀원들에게 일을 맡기면 기대만큼 결과가 나오지 않았고, 결국 본인이 다시 손을 대야 했다. 회의를 해도 소통이 안 되는 느낌이었다. 그는 스스로에게 물었다. '내가 뭘 잘못하고 있는 걸까?'

처음에는 단순히 업무 스킬의 문제라고 생각했다. 위임하는 법, 피드백 주는 법, 회의 진행하는 법. 관련 책도 읽고, 강의도 들었다. 분명히 도움이 되는 내용들이었다. 그런데 왜 현실에서는 여전히 벽에 부딪히는 걸까?

그는 어릴 때부터 완벽주의 성향이 강했다. 실수하면 안 된다는 생각, 모든 걸 내가 컨트롤해야 한다는 믿음이 몸에 배어 있었다. 팀원에게 일을 맡기면서도 속으로는 '제대로 할 수 있을까?' 하는 불안이 먼저 올라왔다. 그 불안이 팀원들에게도 전해졌고, 결국 위축된 분위기 속에서 누구도 자신 있게 일할 수 없었다.

그가 마주한 도전은 '기술의 부족'이 아니라 '내면의 변화가 필요한 과제'였다.

두 가지 문제, 두 가지 접근

우리가 살면서 부딪히는 문제들을 자세히 들여다보면, 크게 두 가지로 나뉜다.

첫 번째는 '기술적 문제'다. 엑셀을 잘 다루지 못해서 업무가 느린 것, 프레젠테이션 기법을 몰라서 발표가 서툰 것, 시간 관리 방법을 몰라서 일정이 밀리는 것. 이런 문제들은 '방법'을 배우면 해결된다. 책을 읽거나, 강의를 듣거나, 전문가에게 조언을 구하면 된다. 해결책이 명확하고, 학습 곡선이 예측 가능하며, 결과를 객관적으로 측정할 수 있다.

두 번째는 '적응적 도전과제'다. 신뢰가 무너진 팀을 다시 세우는 것, 소통이 안 되는 관계를 회복하는 것, 반복되는 갈등의 패턴을 바꾸는 것. 시장 환경이 바뀐 상황에서 도전적 성과를 만들어 내는 것. 이런 문제들은 단순히 '방법'을 아는 것만으로는 해결되지 않는다. 그 방법을 실행하는 주체, 바로 나 자신이 달라져야 한다.

기술적 문제는 "어떻게 하는지 모르겠어요."라고 말한다. 반면 적응적 도전과제는 "알고는 있는데 실행이 안 돼요."라고 말한다. 전자는 정보의 부족이고, 후자는 내면의 저항이다.

수평적 발달과 수직적 발달

이 두 가지 발달 과제는 각각 다른 종류의 성장을 요구한다.

1부에서 살펴본 것처럼, 수평적 발달은 지식과 기술을 더하는 것이다. 새로운 정보를 배우고, 스킬을 익히고, 역량을 확장하는 과정이다. 컵에 물을 채우는 것과 같다. 기술적 문제는 이 수평적 발달로 해결된다. 모르는 것을 알게 되면, 못하던 것을 할 수 있게 된다.

그러나 수직적 발달은 다르다. 이것은 컵 자체를 키우는 일이다. 세상을 바라보는 시각, 오래된 신념, 깊이 뿌리내린 가치관, 때로는 정체성 자체가 변화하는 과정이다. 적응적 도전과제는 이 수직적 발달을 요구한다.

수평적 발달이 '무엇을 아는가'의 확장이라면, 수직적 발달은 '어떻게 생각하는가'의 전환이다. 전자가 더 많이 아는 사람이 되는 것이라면, 후자는 더 깊이 이해하는 사람이 되는 것이다.

왜 적응적 도전과제는 이토록 어려울까? 그것은 내가 옳다고 믿어온 것, 내가 살아온 방식, 내가 '나'라고 여긴 정체성과 마주해야 하는 일이기 때문이다. 적응적 도전과제는 학습이 아니라 '내면의 변화와 성장'을 요구한다.

가장 흔한 실패

하버드 케네디스쿨의 로널드 하이페츠는 이렇게 말했다.

"리더십의 가장 흔한 실패는 적응적 도전과제를 기술적 문제처럼 다루는 것이다."

이 말은 리더십뿐 아니라 우리 삶 전반에 적용된다. 관계가 힘들면 '대화법'을 배우려 하고, 불안하면 '스트레스 관리 기법'을 찾고, 자존감이 낮으면 '자존감 높이는 방법'을 검색한다. 물론 이런 기술들이 도움이 될 수 있다. 하지만 문제의 본질이 기술이 아니라 내면에 있다면, 아무리 많은 방법을 배워도 근본적인 변화는 일어나기 힘들다.

수직적 발달이 필요한 문제를 기술적 방법으로만 해결하려 하는 것은 자기계발의 함정일 수 있다. 함정의 결과는 두 가지다. 하나는 머리로는 이해되는데 막상 실행하면 안 된다는 것. 또 하나는 '이렇게 좋은 방법을 알고도 안 되는 나는 뭐지?'라는 무능감이 강화되는 것이다. 방법이 틀린 게 아니라 자신이 문제 있는 사람이라고 믿게 된다.

또한 우리가 겪는 많은 문제에는 기술적 문제와 적응적 도전과제가 서로 혼합되어 있다. 시간 관리 문제는 실제로 '기술'이 부족해서일 수도 있고, '완벽해야 한다'는 신념 때문일 수도 있으며, 대부분은 둘 다이다. 이것이 변화가 그토록 어려운 이유다. 기술만 배워서도 안 되고, 내면만 들여다봐서도 안 된다. 무엇이 기술의 영역이고 무엇이 내면의 영역인지를 구분하는 것, 그것이 성공적인 변화를 위한 첫 번째 주춧돌이 되어야 한다.

기술적 문제

엑셀을 못해서 업무가 느림	→	엑셀을 배우면 해결
회의 진행이 서툶	→	퍼실리테이션 기법을 익히면 나아짐
영어가 부족해서 해외 업무가 어려움	→	언어를 배우면 해결
요리를 못해서 건강한 식사가 어려움	→	요리법을 배우면 해결
운전을 못 해서 이동이 불편함	→	운전을 배우면 해결

적응적 도전과제

위임을 해야 하는데 자꾸 직접 하게 됨	→	'내가 해야 제대로 된다'는 신념의 문제
거절을 못 해서 일이 계속 쌓임	→	'거절하면 미움 받는다'는 두려움의 문제
피드백을 받으면 방어적이 됨	→	'비판은 나를 부정하는 것'이라는 해석의 문제

| 친밀한 관계가 어려움 | → | '가까워지면 상처받는다'는
오래된 보호막의 문제 |
| 성공해도 만족감이 없음 | → | '충분하지 않다'는 정체성의 문제 |

시간 관리의 진실

혜진 씨는 늘 시간에 쫓겼다. 매일 할 일은 넘쳐났고, 마감은 빠듯했다. 시간 관리 앱도 써보고, 우선순위 매트릭스도 활용해 보고, 위임의 기술도 배웠다. 한동안은 분명히 도움이 되었다. 그런데 또 제자리로 돌아왔다. 그녀는 바쁘지 않을 때도 일이 밀린다고 했다. 뭘 해도 시간이 부족하다며 고민했다.

그녀에게 시간 부족은 진짜 문제가 아니었다. 진짜 문제는 마음 깊은 곳에 자리 잡은 믿음이었다.

"모든 것을 직접 해야만 신뢰받을 수 있다.", "완벽하게 하지 않으면 인정받지 못한다.", "내가 하지 않으면 아무도 하지 않을 것이다."

이런 믿음들이 그녀를 끊임없이 바쁘게 만들고 있었다. 아무리 좋은 시간 관리 기술을 배워도, 이 믿음이 바뀌지 않는 한 문제는 반복될 수밖에 없었다.

그녀는 어릴 때를 떠올렸다. 집안일을 도와야만 엄마가 웃어 주던 기억, 성적이 좋아야만 아빠가 칭찬해 주던 순간들. 그때부터 그녀는 '무언가를 해내야만 사랑받는다'는 공식을 학습했던 것이다.

시간이 아니라, 자기 자신에 대한 신념이 문제였던 것이다.

혜진 씨에게 필요한 것은 더 좋은 시간 관리 앱이 아니었다. '완벽하지 않아도 사랑받을 수 있다'는 새로운 믿음을 형성하는 것, 즉 수직적 발달에 필요한 적응적 도전이었다.

같은 문제, 다른 본질

진우 씨와 수민 씨는 둘 다 발표에 어려움을 겪었다. 하지만 그 어려움의 본질은 전혀 달랐다.

진우 씨는 프레젠테이션을 할 때마다 말을 더듬었다. 목소리는 떨렸고, 시선은 바닥으로 향했다. 발표 기술을 배웠다. 호흡법, 발성법, 시선 처리, 제스처 활용법. 차근차근 연습하니 눈에 띄게 좋아졌다. 그에게는 기술적 문제였고, 필요한 기법의 학습으로 해결되었다.

수민 씨의 경우는 달랐다. 말은 논리적이고 명확했다. 하지만 사람들과 눈을 마주치지 않았다. 청중들은 "뭔가 진심이 느껴지지 않는다."고 말했다.

그녀는 정서적 친밀감을 불편해하고 있었다. 어릴 적부터 '감정은 약점이다', '냉정해야 전문적으로 보인다'는 메시지를 받으며 자랐다. 그래서 무의식적으로 사람들과 거리를 두고 있었던 것이다.

이건 발표 기술의 문제가 아니었다. 감정을 회피하고, 감정을 나누는 것을 문제라고 생각하고 어려워하는 마음의 문제였다. 수민 씨에게 필요한 것은 적응적 도전과제, 즉 '감정을 드러내도 안전하다'는 새로운 경험과 믿음이었다.

같은 증상이라도 그 뿌리가 다르면, 접근도 달라져야 한다.

자아의 이동

그렇다면 수직적 발달은 어떻게 일어나는가?

1부에서 우리는 내면아이, 부모자아, 성인자아를 만났다. 이 세 자아 중 누가 의식의 방에서 주도권을 쥐느냐에 따라 같은 상황에서도 전혀 다른 반응이 나온다.

수직적 발달의 핵심은 '인식하고 반응하는 주체로서 나의 위치'가 달라지는 것이다. 상처받은 내면아이의 자리에서 반응하던 내가, 그 아이를 바라보는 성인자아의 자리로 이동하는 것이다.

성인자아가 깨어난다는 것은 단순히 보다 이성적으로 생각하게 되는 것이 아니다. 그것은 자아의 위치가 이동하는 것이다. '나'라고 느끼는 주체가 달라지는 것이다. 대상을 보고, 생각하고, 느끼고, 충동이 일어나는 그 중심축이 이동하는 것이다.

예전에는 상처받은 내면아이가 '나'였다면, 이제는 그 내면아이를 품어주는 성인자아가 '나'가 된다. 예전에는 비판하는 부모자아가 '나'였다면, 이제는 그 목소리를 알아차리고 거리를 두는 성인자아가 '나'가 된다.

이 이동이 일어날 때, 같은 상황에서 다른 선택이 가능해진다.

화가 치밀어도 예전처럼 반응하지 않고 멈출 수 있다. 불안이 올라와도 휩쓸리지 않고 바라볼 수 있다. 이것이 수직적 발달의 핵심이고, 적응적 도전과제를 풀어가는 열쇠다.

구분하는 질문들

"지금 내가 마주한 것이 기술의 부족인가, 아니면 태도와 신념의 변화가 필요한가?"

이를 구분하기 위해 스스로에게 물어볼 수 있는 질문들이 있다.

기술적 문제를 시사하는 신호

구체적인 방법론이나 도구를 요청한다. "어떻게 하면 될까요?"라고 묻는다. 정보나 기술 습득 후 즉시 적용이 가능하다. 실수의 원인이 명확하고 객관적이다.

적응적 도전과제를 시사하는 신호

반복되는 감정적 반응이 나타난다. 특정한 사람과 갈등이 반복된다. 알고 있지만 실행되지 않는 것들이 있다. 관계나 소통의 어려움이 계속된다. 바꾸고 싶은 과거 패턴이 반복된다.

가장 핵심적인 질문은 이것이다. 해결책을 알고 있어도 실행되지 않는다면, 무엇이 방해하고 있는가? 이 문제가 다른 영역에서도 비슷하게 나타나는가? 감정적으로 회피하고 싶은 부분이 있는가?

이 질문들에 '예'라는 답이 나온다면, 그것은 아마도 적응적 도전과제일 것이다.

깊이로 향하는 길

기술적 문제든 적응적 도전과제든, 모든 변화는 그 사람이 지닌 고유한 맥락 속에서 일어난다. 때로는 기술적 지원이 필요하고, 때로는 내면의 동행이 필요하다.

어떤 경우든 중요한 것은 판단하지 않는 것이다. 기술이 부족한 것도, 내면의 변화가 필요한 것도 모두 자연스러운 성장 과정의 일부다. 기술적 문제도 그 자체로 중요하다. 때로는 기술적 성공이 자신감을 만들어 더 큰 변화의 발판이 되기도 한다.

그러나 우리는 먼저 구분할 수 있는 안목이 있어야 한다. 지금 내가 해결하고 싶은 문제가 기술적 문제인지, 적응적 도전과제인지. 그 차이를 구분하는 순간, 우리의 접근은 표면에서 깊이로 이동한다. 그리하여 우리는 실행의 기술을 넘어, 존재의 방식을 바꾸게 된다.

진정한 변화는 기술을 익히는 것이 아니라, 그 문제와 마주할 수 있는 존재로 성장하는 것이다. 변화는 언제나, 우리 마음에서 시작된다.

사라지지 않는 감정의 순환

나는 너를 통해 나를 발견한다.
— 마틴 부버

남편이 뒤끝 있어요

지연 씨는 한숨을 쉬며 말했다. 남편과 대화를 하다 보면 기분이 상했다. 남편은 농담이라고 하지만, 지연 씨에게는 비꼬는 말로 들렸다.

얼마 전 남편이 술을 마시고 핸드폰을 밖에서 잃어버린 일이 있었다. 지연 씨는 "어떻게 핸드폰을 잃어버릴 수 있냐"고 답답한 마음에 한소리를 했다. 남편은 미안하다고 했고, 그 일은 그렇게 지나가는 듯했다.

그런데 며칠 후, 지연 씨가 집에서 핸드폰을 어디 뒀는지 몰라 남편에게 물었다. 혹시 봤냐고. 남편의 대답이 돌아왔다.

"너도 잘 못 챙기잖아?"

지연 씨는 순간 얼어붙었다. 남편의 뜬금없는 핀잔에 당황했다. 지난번에 자신이 한 말에 대한 보복이란 생각이 스쳤다. 그렇다고 해도, 이게 비교가 되는 문제인가. 술에 취해 밖에서 잃어버린 것과, 집에서 잠깐 어디 뒀는지 모르는 것이 같은 일인가. 그러나 남편은 농담이라는 듯 웃으며 넘겼다. 그때 잔소리했던 게 마음에 남아 있었던 것 같다고, 지연 씨는 생각했다.

말하지 못한 화

우리는 '화를 내면 안 된다'고 배워 왔다. 참는 것이 어른스러운 것이고, 조용히 넘어가는 것이 좋은 성격이라고 믿는다. 그러나 심리적으로 보면, 말하지 못한 화는 사라지는 것이 아니라 쌓인다. 그리고 어느 순간, 우리가 통제하기 어려울 때 조금씩 고개를 든다.

표현되지 못한 감정은 사라지는 것이 아니라 형태를 바꾼다. 말로 하지 못하면 표정이나 말투, 냉소로 새어 나온다. 비꼬는 농담, 냉소, 뒤끝, 시니컬한 말투. 이런 것들은 비단 성격만의 문제가 아니다. 감정을 말로 표현할 수 없을 때 작동하는 방어기제다. 상대에게 수동적으로 공격하는 것으로 보일 수 있지만, 사실은 마음속의 압력을 조절하기 위한 자기만의 방식이다.

지연 씨의 남편도 그랬다. 핸드폰을 잃어버린 것을 두고 아내에게 잔소리를 들을 때, 스스로도 자책이 들었다. 그런 실수를 한 자신이 한심했지만 동시에 자동적인 방어가 작동했다. "그래, 내가 잘못했어. 미안해." 반성을 했지만 마음 한구석에는 뭔가 남았다. "당신은 실수한 적 없었냐." 하는 반박을 하고 싶었지만, 싸움이 커질 것 같아 참았다. 어쨌든, 잘못한 것은 잘못한 것이었으니까.

그렇게 눌러 두었던 감정이 며칠 뒤, 아내가 핸드폰을 찾는 순간 튀어나온 것이다. "너도 잘 못 챙기잖아?"라는 말로. 자기도 모르게 받은 것을 돌려준 것이었다. 그러나 돌려주고 싶었던 감정은 '비난'이 아니었다. 사실은 '그때 나도 아팠어.'라는 말이었다.

표현되지 못한 감정이 형태를 바꿔 돌아오고, 그 감정이 또 다른 상처를 만든다. 그 상처가 또 다시 제대로 소통되지 못한 채 쌓인다. 같은 갈등이 이름만 바꿔 반복되는 것이다.

비꼬는 말이 왜 이렇게 기분 나쁠까

상대의 소심한 복수나 뒤끝 있는 표현을 들으면, 우리는 말의 내용에 비해 훨씬 강하게 화가 난다. 지연 씨도 그랬다. 남편의 한마디에 순간 얼어붙었다가, 곧 분노가 치밀었다.

감정에는 '전염성'이 있다. 말로는 감추더라도, 억눌린 감정은 말투와 태도에 실려 상대에게 전달된다.

2부에서 우리는 투사를 만났다. 내 안의 감정을 상대가 가진 것처럼 인식하는 것이다. 투사적 동일시는 여기서 한 걸음 더 나아간다. 내 감정이 상대에게 전달되어, 상대가 그 감정을 대신 느끼고 반응하게 만드는 것이다. 말로 표현되지 못한 감정이 행동과 분위기를 통해 상대에게 전달되고, 상대가 그 감정을 마치 자기 감정인 것처럼 느끼게 된다.

지연 씨가 느낀 화 중 상당 부분은 사실 남편이 자기 안에서 풀지 못한 감정의 잔여물이었다. 남편은 자기가 잘못하긴 했지만, 필요 이상으로 화를 내고 잔소리하는 아내에 대해 부당하다고 느끼고 있었다. 그런 아내에게 할 말이 있지만 하지 못했던 억울함과 화가 있었다.

남편은 억울함과 화를 아내에게 직접 표현하지 못했다. 더 큰 싸움이 벌어질까 두려웠기 때문이었다. 그러나 남편의 화는 농담을 빌어 아내에게 그대로 전해졌다. 그로 인해 아내는 남편이 느꼈던 감정들인 당혹감과 억울함, 화를 느끼고 있었다. 그녀가 자기 감정이라고 여긴 감정의 많은 부분은 남편의 감정이었다.

자기 안에서 풀어내지 못하고, 상대에게 말로 표현하지 못한 감정은 무의식적으로 상대가 고스란히 느끼도록 작용한다. 이렇게 미해결의 감정이 서로에게 흘러들어가면, 갈등은 필요 이상으로 커지고 관계의 온도는 점점 떨어진다.

감정의 주인을 알면, 감정에 휘둘리지 않는다

자기가 느낀 화가 사실은 상대가 말하지 못한 감정의 그림자일 수 있다는 사실을 이해하면, 감정을 전혀 다른 차원에서 다룰 수 있게 된다. 감정이 나를 휘어잡는 것이 아니라, 서로의 관계를 이해하는 중요한 정보가 된다.

'아, 지금 내가 느끼는 화는 저 사람이 풀지 못했던 감정일 수도 있겠구나.'

감정의 주인을 정확히 보는 순간, 감정의 농도는 눈에 띄게 줄어든다.

그리고 우리는 감정에 반응하는 대신, 갈등의 근본 원인을 다룰 수 있게 된다.

감정은 사라지는 것이 아니라, 관계 속에서 돌아온다

감정은 억누른다고 사라지지 않는다. 표현되지 못한 감정은 관계 안에서 다른 방식으로 돌아온다.

내가 상대에게 짜증을 주면, 그 짜증이 돌아온다. 내가 상대를 서운하게 하면, 어느 날 상대도 나를 서운하게 한다. 내가 상대를 이해하면 상대도 나를 이해하려 한다.

감정이 형태를 바꿔서 서로에게 되돌아오는 것이다. 내가 준 것을 다시 받는 것이다.

이 사실을 이해하는 순간, 상대를 바라보는 시선이 달라진다. 상대의 아픔에 대한 공감이 커진다. 상대도 나처럼 마음이 아팠다는 사실이 가슴으로 전해진다. 상대도 나처럼 이해받고 싶었다는 사실을 알게 된다. 미움이 줄어들고, 그 자리에 연민이 싹튼다.

"남편이 더 창피하고 속상했을 텐데…. 그 마음은 보지 못했어요."

자기가 느낀 감정이 남편이 느꼈던 감정이었다는 사실을 이해한 지연 씨는 남편의 마음을 그제서야 이해할 수 있게 되었다. '남편이 문제 있는 사람이다. 왜 저러는지 당최 알 수 없다. 나를 무시하고 조롱하는 남편이 너무 밉다.'고 말하던 그녀였다.

이러한 깨달음이 일어나는 순간, 투사적 동일시의 악순환은 멈춘다. 화가 있던 자리에 이해가 생긴다. 미움이 사라진 자리에 다시 사랑이 돌아온다.

관계는 감정의 순환을 이해할 때 비로소 성장한다

우리말에 '해원(解冤)'이라는 표현이 있다. 맺힌 원망이 풀어진다는 뜻이다. 쌓였던 감정이 풀리는 순간, 관계는 다시 흐르기 시작한다.

해원이 일어나면 상대가 왜 그렇게 행동했는지 이해되고, 나도 왜 그렇게 상처받았는지 알게 된다. 과거의 상처에 묶여 있던 감정의 매듭이 풀리면서, 서로를 소모하던 관계가 서로를 살리는 관계로 바뀐다.

우리는 종종 서로의 말 때문에 상처받는다고 생각한다. 하지만 실제로는 그 말 속에 담긴 표현되지 못한 감정 때문에 흔들린다. 그 감정이 어디에서 왔는지를 이해하는 순간, 우리는 더 이상 감정에 끌려다니지 않는다. 관계의 역동을 읽어내는 사람이 된다.

관계는 서로를 소모하는 전쟁이 될 수도 있고, 서로를 성장시키는 공간이 될 수도 있다. 그 갈림길은 감정의 순환을 이해하는 데서 시작된다.

화의 진짜
이유 찾기

반복은 나쁜 습관이 아니다.
이해받지 못한 마음이 해결을 요청하는 방식이다.
— 피터 레빈

"남편이 말을 안 해요. 그냥 가만히 듣기만 해요. 아니, 듣지도 않는 것 같아요. 듣는 척은 하는데, 뭘 들었는지 아무것도 안 남아 있는 얼굴이에요."

수영 씨는 한숨을 쉬며 이야기했다. 몇 번을 반복해도, 설명해도, 남편은 그저 고개만 끄덕이거나 '알았어.' 하고 대답할 뿐이었다. 하지만 그 '알았어.'는 공허했다. 그녀는 그 안에 진심이 없다고 느꼈고, 점점 더 억울함과 분노만 깊어졌다.

"얘기하면서도 알아요. 이 사람은 역시 안 바뀌겠구나. 그래도 말 안 하면 더 답답하잖아요. 그래서 또 얘기해요. 또 하나하나 설명하고…."

수영 씨는 자기 말을 남편이 제대로 들어주지 않는다고 느꼈고, 남편이 해명하면 그건 "변명이야."라고 잘라버렸다. 그렇게 대화는 늘 충돌로 끝났고, 감정은 점점 더 피폐해져갔다.

수영 씨는 억울함을 넘어서 '자기 존재가 무시당하는' 느낌을 자주 받았다고 했다. 누군가 자신의 말을 들어주지 않을 때, 무시당했다고 여기고 마음 깊은 곳에서 불쾌감이 치솟았다.

이건 단순한 오해의 문제가 아니었다. 우리는 화가 나면 눈앞의 상황 탓을 한다. 저 사람이 저렇게 말해서, 이 상황이 어쩔 수 없었어. 하지만 같은 말을 듣고도 누군가는 대수롭지 않게 넘기고, 누군가는 밤새 그 생각에서 벗어나지 못한다. 차이는 상대방의 말이 아니라, 그 말을 받아들이는 내 마음이다. 수영 씨 안의 오래된 무언가가 무시당했다는 수치심을 유발하고 있었다.

오빠의 한 마디에 숨이 턱 막힌 이유

수영 씨는 최근 오빠와 통화를 했다. 평소 자주 연락하지 않던 오빠였다. 아버지의 건강 문제로 이야기를 나누던 중, 문득 오래된 감정이 불쑥 튀어나왔다.

"오빠랑 말하다가요, 그냥 '이럴 땐 좀 아빠 옆에 있어 줘야지.' 이런 말을 했거든요. 근데 오빠가 갑자기 짜증 섞인 목소리로 '넌 그런 말도 하지 마.'라고 하더라고요. 순간 숨이 턱 막혔어요."

그 짧은 말 한 마디가 과거의 많은 기억들을 불러왔다. 초등학교 때부터 그녀에게 늘 시키고, 가르치고, 혼내던 오빠. 아버지와 다름없이 무뚝뚝하고 무섭고, 따뜻한 말 한 마디 없었던 사람.

그녀는 어릴 때부터 '네가 뭘 알아.' 라는 소리를 자주 들었다고 했다. 오빠는 늘 자신의 생각을 강요하며 어린 동생의 말을 틀렸다고 지적했다고 했다. 그녀는 오빠 앞에서는 말이 없어지곤 했다. 무슨 말을 해도, 아니라고 부정당할 것 같은 두려움에 말문이 막혀 버린 것이다. 그럼에도 그녀의 머리속에는 늘 어떻게든 오빠를 설득하고 싶은 소망이 있었다. 자기 생각도 맞다고 인정받고 싶었다.

피해자가 가해자의 모습을 닮아가는 순간

수영 씨는 조용히 말했다.

"오빠랑 통화하고 나니까…, 갑자기 남편한테 미안해졌어요. 제가 남편에게 마치 오빠가 제게 하는 것처럼 하고 있었던 거예요. 남편이 자기 입장을 말하려고 하면, 저는 그걸 '변명'이라고 잘라 버리고…. 그게 딱, 옛날 오빠 모습이었어요."

그녀는 남편의 무반응이 불편했었다. 마치 자기를 무시하는 것 같았다고 했다. 남편의 무반응은 그녀 안에 깊숙이 감춰져 있던 수치심을 자극했다. 오빠에게 무시당하던 어린 시절의 감정이 남편과의 관계 안에서 다시 살아나고 있었던 것이다.

"저도 남편한테 '당신은 그런 말 하지 마.'라고 했거든요. 남편이 자기 입장을 설명하면, 그냥 짜증 났어요. 뭔가 말을 안 하면 지는 것 같고…… '아니, 그게 아니잖아!' 하고 막 흥분했죠." 그녀는 오빠가 자기에게 한 행동을 그대로 남편에게 했다는 사실을 깨닫고 놀라워했다. 자신의 행동이 황당하면서도 무섭다고 했다.

우리는 때때로 과거에 자신을 억눌렀던 사람의 모습을 자기도 모르게 따라 하게 된다. 심리학에서는 이를 '가해자와의 동일시'라고 부른다. 약한 위치에 있던 아이가 생존을 위해 가해자의 말투와 권위, 통제 방식을 내면화하는 것이다. 시간이 흘러 성인이 되었을 때, 이 내면화된 패턴이 사랑하는 사람에게 재현되기도 한다. 수영 씨는 오빠에게 받았던 무시와 억압을 남편에게 반복하고 있었다. 과거의 상처가 그녀 안에서 가해자의 형태로 살아 움직이고 있었던 것이다.

나한텐 익숙한 패턴이 있었던 것 같아

오빠와의 통화 이후, 수영 씨는 남편에게 처음으로 다른 말을 건넸다.

"그날은 내가 좀 감정이 지나쳤어. 당신이 뭐라고 말해도 그게 다 변명처럼 들렸었어. 내가 좀…. 나한텐 익숙한 패턴이 있었던 거 같아."

남편은 놀란 표정이었다. 아무 말 없이 고개를 끄덕였다. 그날 이후, 두 사람의 말수는 조금 줄었지만, 그 안엔 묘한 평온이 깃들었다. 더 이상 반복되는 말다툼 대신, 짧지만 한결 가볍고 부드러운 말들이 오가기 시작했다.

"남편이 달라진 건 아직 잘 모르겠어요. 근데… 제가 말을 줄이니까, 싸울 일도 줄어들더라고요."

수영 씨는 웃으며 말했다.

진짜 화의 이유를 찾았을 때 일어나는 일은 상대방을 바꾸려는 무의미한 노력을 멈추는 것이다. 화의 원인이 상대가 아니라 내 안에 있었다는 걸 알게 되기 때문이다. 자신의 감정이 어디서 오는지 이해하게 되면, '아, 그래서 그랬구나. 그래서 내가 그렇게 화가 났었구나.' 하는 순간이 찾아온다. 이해는 화를 풀어준다. 마음의 긴장이 풀리고 평온함이 회복된다. 변화는 상대방이 아닌 자신에게서 시작된다.

수영 씨는 이제 감정이 올라올 때 스스로에게 묻는다.

'이 감정, 진짜 지금 이 사람 때문일까?'

그 질문 하나가 오래된 패턴에서 한 발짝 물러서게 해 준다.

동일시 – 마음은 생존을 위해 다른 누군가가 된다

아이는 사랑받기 위해 자신을 포기한다.

— 앨리스 밀러

앞서 우리는 두 가지 마음의 현상을 만났다.

지연 씨의 이야기에서는 투사적 동일시를 보았다. 남편이 표현하지 못한 감정이 아내에게 전달되어, 아내가 그 감정을 자기 것처럼 느끼게 되는 현상이었다.

수영 씨의 이야기에서는 가해자와의 동일시를 보았다. 어린 시절 오빠에게 억눌렸던 그녀가, 성인이 되어 남편에게 똑같은 방식으로 행동하고 있었다. 피해자가 가해자의 모습을 닮아가는 현상이었다.

이 둘은 모두 '동일시'라는 마음의 작동 방식에서 비롯된다. 동일시란 무엇일까? 왜 우리 마음은 이런 일을 하는 걸까?

공에 생명을 불어넣는 마음

영화 캐스트 어웨이에서 톰 행크스는 무인도에 홀로 남겨진다. 사람도, 말도, 관계도 없는 곳에서 그는 공 하나를 주워 윌슨(Wilson)이라는 이름을 붙인다.

그는 윌슨과 대화하고, 다투고, 위로받는다. 그리고 마침내 뗏목을 타고 섬을 떠나는 항해 중, 폭풍우 속에서 윌슨을 바다에 잃어버린다. 그 순간 그는 마치 사랑하는 사람을 잃은 사람처럼 절규한다.

이 장면에서 많은 사람들이 함께 울었다. 이유는 단순하다. 우리는 그것이 '공을 잃은 슬픔'이 아니라, 관계를 잃은 슬픔이라는 걸 알기 때문이다.

공은 아무 의미도 없는 물건이었다. 그러나 이름을 붙이는 순간, 의미가 생겼고, 마음은 그 대상에 생명을 불어넣었다. 이것이 마음이 지닌 특별한 힘이다. 의미를 부여하는 순간, 나와 분리된 대상을 '나의 일부'로 만든다. 김춘수 시인의 「꽃」처럼, 이름을 불러주었을 때 그것은 나에게로 와서 꽃이 되었다. 이것이 바로 동일시다.

동일시는 문제가 아니라 생존이다

"쟤는 왜 저래? 지 아빠 꼭 빼다 박았어."

자녀의 나쁜 행동을 볼 때 우리는 이렇게 말하곤 한다. 부부싸움 중에는 "당신 집안도 똑같아."라는 말이 나오기도 한다. 상대의 가족을 건드리는 말은 절대 하지 말라는 금기어이기도 하다.

그런데 동일시의 관점에서 보면, 이 말이 완전히 틀린 것은 아니다. 부모의 모습은 실제로 내 안에 내재되어 있기 때문이다. 나의 좋은 모습도, 나쁜 모습도 부모의 모습과 닮아 있다.

많은 사람들은 부모의 좋은 모습을 내재화한다. 그러나 우리를 힘들게 하는 것은 나쁜 모습이다. "좋은 것만 닮아라."라고 기원하지만, 그것은 단지 바람일 뿐 현실은 그렇지 못한 경우도 많다. 결국 좋은 것과 나쁜 것은 내 안에 함께 공존한다.

중요한 것은 그 이유를 제대로 이해하는 것이다. 왜 나는 부모를 닮아가는가? 왜 그토록 싫었던 모습이 어느 순간 내 안에서 발견되는가?

심리적으로 보면 동일시는 문제가 아니라 생존 전략이다. 특히 어린아이에게 동일시는 선택이 아니라 필수다. 아이는 혼자 살아남을 수 없다. 그래서 아이는 자신을 보호해 줄 존재와 자신을 연결해야 한다. 부모와 동일시하고, 부모의 기준과 자신을 겹쳐 놓는다.

"엄마가 좋아하는 나", "아빠가 인정하는 나"

이때 아이는 부모의 기대를 '나'라고 믿는다. 건강한 자존감을 갖고 성장하는 기쁨을 누린다. 문제는, 이 동일시가 언제나 긍정적인 방향으로만 일어나지 않는다는 데 있다.

'부모가 잘못됐다'보다 '내가 잘못됐다'가 더 안전했던 아이

부모가 비난하고, 통제하고, 때로는 가학적일 때 아이에게는 두
가지 선택지가 있다.

부모가 잘못됐다 → 관계가 끊길 위험
내가 잘못됐다 → 관계는 유지됨

아이에게 관계는 생존이다. 그래서 아이는 두 번째를 선택한다.
"내가 부족해서 혼나는 거야."
"내가 말을 잘 들었으면 엄마가 화내지 않았을 거야."
겉으로 아이는 순응한다. 두려워하고, 긴장하고, 맞추려 애쓴
다. 하지만 마음의 깊은 곳에는 말해지지 못한 감정이 쌓인다. 억
울함. 수치심. 분노. 그 감정은 표현되지 못한 채 잠겨 있다.
이것을 가해자와의 동일시라고 한다. 피해자인 아이는 부모의
말투, 분노, 기준, 통제 방식을 내면화하며 부모의 힘을 자기 안으
로 들여온다.

억눌린 분노는 사라지지 않는다

분노는 사라지지 않는다. 다만, 기다린다.
어린 시절에는 분노를 꺼낼 수 없었기 때문에 분노는 나올 수

있는 안전한 장소를 기다린다. 그리고 성인이 되어, 나를 떠나지 않을 것 같은 사랑하는 사람 앞에서 그 분노는 모습을 바꿔 나타난다. 그렇게, 한때 피해자였던 마음이 가해자의 자리로 이동하게 된다.

그리고 그 대상은 우리에게 가장 소중한 사람, 흔히 배우자나 자녀가 된다.

"당신은 왜 항상 그래?", "당신 때문에 못 살겠다.", "나를 무시하잖아."

그러나 이 말의 상당 부분은 지금 이 사람에게 향한 감정이 아니다. 과거에 말하지 못했던 분노가 현재의 관계를 빌려 표면으로 올라온 것이다.

이것이 반복강박이다. 비슷한 감정, 관계 갈등이 패턴화되어 반복적으로 내 삶에 등장하는 것이다. 반복강박은 상처를 반복하려는 충동이 아니다. 어린 시절 끝내 풀지 못한 마음이 다시 한번 이해받기를 요청하는 간절한 시도인 것이다.

이때 무의식은 자신의 분노를 정당화할 장면을 필요로 한다. 누군가가 반복해서 '잘못'해 주어야 한다. 그래야 화를 내는 정당성이 생기기 때문이다. 역설적으로 나를 힘들게 하는 잘못을 반복적으로 하는 누군가는 어쩌면 내 안에 치유되기를 소망하는 감정을 풀어주기 위한 역할을 수행하고 있을지도 모른다. 내 안에 오래된 상처를 치유해 주기 위한 희생자 역할을 하는 것이다. 그러나 이 방식으로는 분노가 치유되지 않는다. 분노의 대상만 바뀔 뿐, 뿌리는 그대로이기 때문이다.

동일시를 이해할 때, 반복은 멈춘다

"지금 내가 느끼는 이 분노는 정말 이 사람 때문에 생긴 감정일까?"

이 질문이 가능해지는 순간, 피해자와 가해자의 순환고리에서 벗어나게 된다. 과거의 반복에서 한 발 물러선다. 동일시가 의식화되면서 자기 마음에 대한 이해가 깊어진다.

"아, 내가 지금 부모와 동일시된 감정에서 말하고 있구나."

"이 분노는 지금의 관계가 아니라, 오래된 마음에서 왔구나."

자기 감정의 근원을 알아차리는 순간, 다른 선택을 할 수 있는 성인자아가 중심을 잡는다.

"너 때문에 힘들어.", "너 때문에 화나.", "일이 안 풀리니까 짜증 나는 거지."

우리는 감정의 원인을 상대에게, 상황에게 돌리곤 한다. 그러나 이것은 오래된 방어일 뿐이다. 자기 감정의 근원을 알아차리면, 이 방어가 사라진다. 비로소 자기 감정의 책임을 질 수 있게 된다. 화난 이유도 내 안에 있었고, 불안한 이유도 내 안에 있었다.

어두운 골목길에서 열쇠를 잃어버렸는데 빛이 밝다고 가로등 불빛 아래 백날을 찾아도 열쇠를 찾을 수 없다. 잃어버린 장소가 달랐기 때문이다. 어쩌면 우리는 이러한 어리석음을 반복하고 있을지도 모른다.

반복되는 감정은 우리를 괴롭히는 문제가 아니다. 단지 치유되지 못한 마음의 신호다.

그 신호를 읽어낼 수 있을 때, 우리는 더 이상 과거를 재현하지 않는다. 내 안에 잠재된 부모의 좋은 모습이 나를 통해 되살아난다. 동일시가 우리의 행복과 성장을 지원하는 기능으로 바뀐다. 비로소, 새로운 관계를 만들어갈 수 있게 된다.

자동반응에서 벗어나기

사람들은 사건에 반응하는 것이 아니라,
그 사건에 대해 가지고 있는 신념에 반응한다.
— 아론 벡

"이번 주 토요일 약속 잊지 마."

"토요일? 다음 주 아니었어?"

분명히 이번 주라고 했다. 달력에도 적어 뒀다. 그런데 남편은 자기 기억이 맞다며 고집을 피웠다.

이런 일이 한두 번이 아니었다. 남편은 가끔 엉뚱한 소리를 했다. 자기 생각에 빠져 상대의 말을 놓치고, 틀린 기억을 마치 사실처럼 말했다. 수영 씨는 그때마다 화가 치밀어 올랐다. 단순히 틀린 정보를 말해서가 아니었다. 그보다 더 깊은 곳에서 올라오는 불편함이 있었다.

"순간 뒤통수를 맞은 기분이었어요. 이 사람이 왜 이런 엉뚱한 소리를 하지? 확인도 안 하고 너무 자신 있게 말하는 게… 한심하게 느껴졌어요."

말이 틀리면 그 사람을 믿을 수 없어요

수영 씨에게 '틀린 말'은 단순한 실수가 아니었다. 그것은 곧 신뢰의 문제였다. 말이 틀리면 그 사람을 믿을 수 없다는 생각이 강하게 들었다. 사실관계가 틀린 건데, 그걸 확인도 하지 않고 자신 있게 말한다는 게 실없는 사람 같았다.

틀리면 안 된다는 강한 믿음은, 남편의 작은 실수도 용납하기 어렵게 했다. 단지 정보 하나를 잘못 아는 것이 아니라, 그 사람 전체를 의심하게 만들었다.

수영 씨는 시댁과의 관계에서도 비슷한 감정이 반복됐다. 한번은 근처에 사시는 시어머니가 오후에 시골집에 내려가자고 했다. 그런데 오전에 갑자기 전화가 왔다. "지금 출발해. 우리 준비 다 됐어." 남편과 마트에서 장을 보고 있던 수영 씨는 당황했다. 오후라고 했는데 갑자기 지금 출발하자니. 괜찮겠냐는 물음도 없었다.

그럴 때마다 수영 씨는 무시당한다는 느낌을 강하게 받았다.

"상황이 바뀌면 양해를 구하거나 동의를 구해야 하는 거 아닌가요? 그런 것도 없이 자기 편의대로 막 바꾸는 게…. 나를 얼마나 무시하면 저럴 수 있지, 그런 생각이 들었어요."

모르고 먹은 건데

초등학교 때였다. 집에 놓여 있던 음식을 모르고 먹었는데, 아버지가 고래고래 소리를 지르며 난리를 쳤다. 그것이 제사 음식이라는 걸 어린 수영 씨는 알 수 없었다.

"정말 억울했어요. 모르고 먹은 건데…. 그게 무슨 큰 잘못이라고."

하지만 집에서는 모르고 한 실수도 용납되지 않았다. 큰오빠는 더 가혹했다. 공부를 가르쳐 주다가 조금만 틀리면 "넌 뭘 알아?", "생각이 있어 없어." 같은 말로 수영 씨를 무시했다.

반복되는 경험은 신념을 만든다. '틀리면 안 된다', '실수하면 큰일 난다', '틀리면 죽는다'는 믿음이 마음 깊이 자리 잡았다. 그리고 그 믿음은 어른이 되어서도 수영 씨의 관계를 지배하고 있었다.

아, 이 사람이 나를 무시하는구나

남편이 엉뚱한 소리를 했을 때, 수영 씨의 마음속에서는 순식간에 어린 시절 각인된 신념의 회로가 돌아갔다.

'저 사람이 왜 저러지?'

뇌는 답을 찾으려 한다. 이해하고 싶은 욕구가 강하기 때문이다. 이것은 일종의 생존 본능과도 같다. 인간의 뇌는 애매한 상황을 견디지 못한다. 불확실함은 생존에 위협이 될 수 있기 때문이다. 그래서 뇌는 답이 없는 것보다 틀린 답이라도 찾으려는 경향을 보인다. 그래야 대응을 할 수 있기 때문이다.

그런데 이해가 안 되면 어떻게 될까? 뇌는 여기서 멈추지 않는다. 없는 답이라도 만들어 내고야 만다. 그리고 그때 동원되는 것이 바로 오래된 신념이다.

'이 사람이 나를 무시하기 때문에 그렇구나.'

'남편이 당연한 사실을 모르는 것은 평소 내가 하는 말을 귀담아듣지 않았기 때문이다. 나의 말을 듣지 않는 것은 나를 무시하기 때문이다.' 수영 씨 안에서는 이런 인과관계의 회로가 자동으로 작동했다.

수영 씨의 내면 깊은 곳에는 오래된 두려움이 자리 잡고 있었다. '기본적인 것도 모르는 나는 문제 있는 아이다', '당연한 것도 모르는 나는 수치스러운 아이다', '그래서 있는 그대로의 나는 사랑받을 수 없다'라는 무의식의 신념이 각인되어 있었다. 남편이 사실관계를 오해하는 실수는 그녀의 내면에 각인된 깊은 두려움을 건드렸다. 그녀는 그 두려움을 남편에게 투사해 원망하고 있던 것이었다.

수영 씨는 남편의 엉뚱한 말을 기승전무시로 해석하고 있었다. '아, 이 사람이 나를 무시하는구나. 그러니까 엉뚱한 소리를 하지. 내 말을 안 듣네. 이 사람은 믿을 수 없는 사람이야. 이 사람은 나를 사랑하지 않아.' 이 신념은 거짓이지만, 진실처럼 강하게 느껴진다. 그래서 참을 수 없는 분노가 치밀어 오르는 것이다.

이해와 인정의 차이

이해는 이유를 찾는 것이다. '저 사람이 왜 저러지? 아, 그래서 그랬구나.' 하며 이유를 알게 되는 것이다. 이해가 될 때, 우리는 타인의 행동을 진심으로 공감할 수 있다. 오해가 풀리고, 상대에 대한 연민이 생긴다. 그러나 우리가 모든 것을 이해하기란 어렵다. 아무리 해도 이해가 안 될 때도 많다. 그때 우리 뇌는 답을 찾으려고 거짓 신념까지 동원한다. 그게 바로 함정이다.

반면 인정은 이유를 찾지 않는다. 있는 그대로의 사실을 받아들인다. "이 사람은 그냥 상대의 말을 잘 못 듣는 사람이구나. 자기만의 어떤 이유가 있어서, 상대의 말을 놓치는구나. 그래서 가끔 엉뚱한 소리를 하는구나." 이렇게 인정하는 순간 불합리한 뇌의 자동반응이 멈춰진다. 화가 줄어들며 마음이 부드러워진다. 상대가 있는 그대로 보이기 시작한다.

무시 받은 것과 무시 받았다는 생각의 차이

인정은 성향의 차이를 받아들이는 것에서도 시작되었다.

수영 씨는 계획한 대로 해야 하고, 약속은 지켜야 하고, 일관성이 있어야 안심이 되는 사람이었다. 반면 남편과 시댁 사람들은 상황에 따라 유연하게 적응하는 것을 자연스럽게 여기는 사람들이었다.

성향의 차이는 옳고 그름의 문제가 아니다. 사람마다 세상을 대하는 방식이 다를 뿐이다. 계획과 일관성을 중시하는 사람에게 유연함은 믿을 수 없는 사람처럼 보일 수 있다. 하겠다고 한 말을 쉽게 바꾸기 때문이다. 수영 씨는 그것을 자기를 무시하는 행동으로 해석했다. 하지만 상대방은 나를 무시하려는 의도가 없었다. 단지 다른 방식으로 세상을 살아갈 뿐이었다.

이 차이를 아는 것만으로도 마음이 한결 가벼워졌다. 상대방의 행동은 바뀌지 않았지만, 그것을 받아들이는 수영 씨의 마음이 달라지기 시작했다.

수영 씨는 이제 안다. 엉뚱한 소리를 참을 수 없었던 진짜 이유는 상대방의 실수가 아니라, 자신 안에 있던 '틀리면 안 된다'는 신념 때문이었다는 것을. 그리고 그 신념에서 조금씩 자유로워지고 있다는 것을.

누군가의 실수에 과도하게 화가 날 때, 그것은 정말 '지금 이 상황' 때문일까?

아니면, '틀리면 안 된다'는 오래된 신념이 작동하고 있는 것은 아닐까?

상대를 이해하려 할 때와, 있는 그대로 인정할 때—당신에게 더 편한 것은 무엇인가?

마음의 작동 원리:
투사, 전이, 투사적 동일시

사람은 누구나 자기 안에 있는 감정을 그대로 보기 어렵다. 특히 두렵고, 수치스럽고, 받아들이기 싫은 감정일수록 더 그렇다. 그래서 마음은 묘한 방식을 사용한다. 내 감정을 상대에게서 발견하는 것이다.

투사는 내 마음을 상대에게 비춰보는 현상이다. 내가 불안한데 "쟤는 왜 저렇게 불안해 보이지?"라고 느끼고, 내가 화가 나 있는데 "쟤는 왜 저렇게 공격적이지?"라고 생각한다. 내가 열등감을 느끼고 있으면 "쟤가 나를 무시하는 것 같아."라고 받아들인다. 내가 질투심이 많으면 상대의 질투를 유독 잘 알아채고, 그 사람을 비난하는 마음이 올라온다. 상대가 실제로 그런 감정을 갖고 있는지와는 무관하다. 내 마음속 감정이 거울처럼 상대에게 비춰 보일 뿐이다.

성경에 이런 말씀이 있다. "어찌하여 형제의 눈 속에 있는 티끌은 보면서, 네 눈 속에 있는 들보는 깨닫지 못하느냐?" 이것이 투사의 본질이다. 내 안에 있지만 인정하기 싫은 감정, 다루기 어려운 욕구를 타인에게서 발견하는 것. 일종의 자기 방어다.

그런데 사실, 어느 정도의 투사는 자연스럽다. 우리가 세상을 인식하는 방식 자체가 투사이기 때문이다. 마음을 통하지 않고서는 바깥 세상을 볼 수 없다. 우리는 늘 내 마음으로 보고, 내 생각으로 해석한다. 문제는 투사가 과도해져서 현실을 지나치게 왜곡할 때다.

투사에서 벗어나려면 시선의 방향을 바꿔야 한다. "저 사람이 뭐가 문제지?"라고 물을 때, 동시에 "내 안에 뭐가 있어서 이게 걸리지?"라고 물어보는 것이다. 외부로 향하던 시선을 자기 안으로 돌릴 때, 비로소 투사의 고리가 느슨해진다. 그리고 자기 안에서 원인을 찾아 해결할 때, 나를 불편하게 하던 것들이 하나씩 사라지기 시작한다.

전이는 과거의 사람이 현재 사람 위에 겹쳐지는 현상이다. 어린 시절 중요한 사람—부모, 교사, 형제—에게 느꼈던 감정이 현재의 사람에게 그대로 반복된다. 권위 있는 사람 앞에서 지나치게 긴장하고, 거절당할까 두려워 먼저 맞추려 하고, 따뜻한 사람을 보면 과도하게 기대한다. 조금만 무시당해도 어린 시절의 상처가 되살

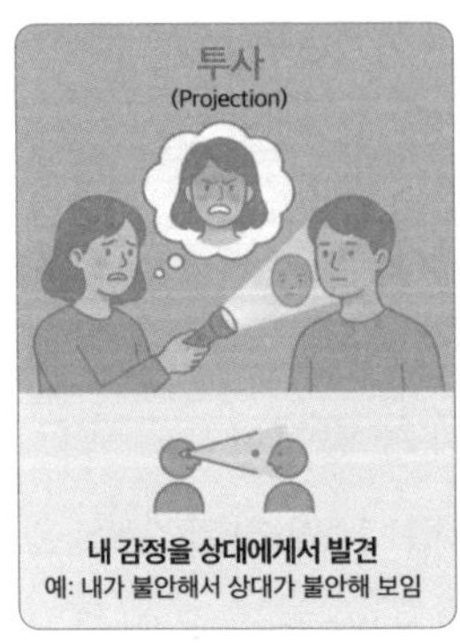

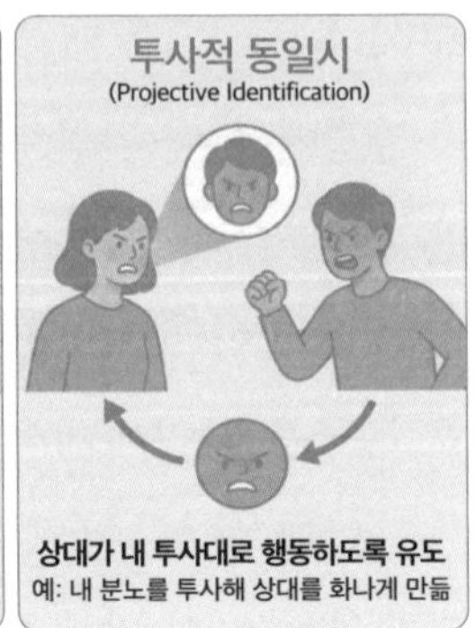

마음의 작동 원리: 투사, 전이, 투사적 동일시

아난다. 이때 현재의 상황은 실제와 다르다. 내 마음이 현재의 사람 자리에 과거 인물을 올려놓고 재생하고 있는 것이다.

투사가 내 안에 있는 것을 상대에게서 발견하는 위치의 착각이라면, 전이는 시간의 착각이다. 과거의 상황과 인물을 지금 여기의 상황과 인물에 덧씌워 재현하는 것이다.

전이도 자연스러운 심리적 현상이다. 뱀에 물린 적이 있다면, 뱀과 비슷한 줄이나 땅에 떨어진 나뭇가지만 봐도 화들짝 놀랄 수 있다. 온몸에 전율이 흐르고, 싸늘한 긴장이 뒷목을 타고 올라온다. 나뭇가지와 뱀은 아무 관계가 없다. 단지 형태가 비슷할 뿐이다. 이런 반응이 나오는 것은 생존본능이다. 다시는 물려서 상처받지 않으려는 뇌의 보호 전략이다.

관계에서의 전이도 마찬가지다. 과거에 해결하지 못했던 관계, 힘들었던 관계가 현재의 관계에 영향을 준다. 무서운 아버지 앞에서 주눅 들었던 모습이 상사 앞에서 재현된다. 나를 무시하고 때렸던 오빠의 모습을 아들에게서 보고 무서움에 떨기도 한다. 나를 높은 기준으로 평가하고 무시했던 엄마의 모습을 지금 만나는 연인에게서 보고 참기 힘든 화가 올라오기도 한다. 과거의 생존 전략이 지금도 반복되고 있는 것이다.

전이에서 벗어나려면 먼저 내면아이를 안심시켜야 한다. "지금 이 사람은 그때 그 사람이 아니야."라고 친절하게 알려 주는 것이다. 의식은 이미 알고 있다. 하지만 무의식의 내면아이는 여전히 떨고 있다. 과거의 기억 속에서 벗어나지 못한 채, 특정 상황이 되면 반복적으로 등장한다.

투사적 동일시는 내 감정을 상대가 함께 느끼도록 만드는 현상이다. 이것은 의식적으로 일어나는 일이 아니다. 무의식이 상대방을 미묘하게 움직여서, 내가 표현하지 못한 감정을 상대가 대신 느끼게 만든다.

예를 들어, 내가 화가 났는데 그 화를 직접 표현하지 못하고 삐져서 말을 안 한다. 그러면 상대방은 답답해지고, 결국 화가 난다. 내가 표현하지 못한 화를 상대가 대신 내게 된 것이다. 반대의 경우도 있다. 내가 불안한데 그 불안을 견디기 어려우면, 오히려 상대에게 화를 낸다. 그러면 상대방이 불안해진다. 내 안의 불안이 분노의 형태로 바뀌어 상대에게 전달된 것이다.

직장에서도 이런 일이 일어난다. 팀원과 면담을 하는데, 대답을 회피한다. 신규 과제에 대해서 의욕을 보이지 않고, 할 수 없는 이유만을 찾거나 변명한다. 면담 후 팀장은 힘이 빠지고 무력감을 느낀다. 그런데 이 무력감은 팀원의 것일 수 있다. 아무리 일해도 성과가 나지 않고, 반복적인 보여 주기식 일에 의욕이 소진된 무력감. 그것이 수동적 태도를 통해 팀장에게 전해진 것이다.

문제는, 상대방은 그 감정을 자기 감정이라고 착각한다는 점이다. "내가 왜 이렇게 화가 나지?", "왜 갑자기 불안하지?"라고 느끼지만, 사실 그 감정의 출처는 상대가 보낸 것일 수 있다. 투사적 동일시는 마음과 마음이 상호작용하는 아주 미묘한 소통 방식이다. 관계에서 이유 없이 불편하거나 이상하게 감정이 요동친다면, 누군가의 감정이 나에게 와 있는 것은 아닌지 살펴볼 필요가 있다.

물론 모든 감정이 투사적 동일시는 아니다. 내가 느끼는 화, 불안, 무력감이 진짜 내 것일 수도 있다. 하지만 이 개념을 알면 한 가지 질문을 던질 수 있게 된다. "이 감정은 누구의 것인가?"

감정의 진짜 주인을 알아차릴 때, 우리는 어쩌지 못하던 감정의 무게를 내려놓을 수 있다. 동시에 상대가 말로 표현하지 못한 마음의 진실이 보이기 시작한다. 무력감을 전해 온 팀원의 지친 마음, 화를 냈던 상대의 불안, 수동적 공격으로 나를 화나게 했던 배우자의 화를 체감할 수 있다. 그것을 알아차리는 순간, 마음은 달라진다. 비난이 사라지며 연민이 생겨난다. 그리고 연민은 서로를 이해하는 소통의 문을 연다.

투사는 내 감정을 남에게 붙여서 보는 것이고, 전이는 과거 사람을 현재 사람에게 덧씌워 보는 것이며, 투사적 동일시는 내 감정을 상대가 실제로 느끼도록 보내 버리는 것이다.

이 세 가지는 사람의 마음이 반복 패턴을 만드는 가장 기본적인 메커니즘이다. 관계에서 일어나는 갈등과 오해, 미묘한 불편함의 상당 부분이 여기서 비롯된다. 이 메커니즘을 알아차리는 것이 중요한 관문이다. 과거의 마음이 현재를 지배하지 않도록.

작은 영웅의
무거운 짐

취약성은 관계가 시작되는 자리이며,
우리가 가치 있는 존재임을 느끼게 하는 길이다.
— 브레네 브라운

"요즘 회사에 나가는 게 너무 힘들어요. 머리로는 다 정리된 것 같은데, 몸은 아직도 거기에 묶여 있는 기분이에요."

준호 씨는 중년의 가장이다. 20년 넘게 한 기업에서 책임감 있고 실력 있는 사람으로 통했다. 그런 그가 회사를 나와 처음으로 스타트업에 합류했을 때, 주변 사람들은 박수와 응원을 보냈다. 그 역시 의욕에 차 있었다. 좀 더 주도적이고 개방적인 환경에서, 사람 중심의 문화를 만들어 가고 싶었다.

하지만 이상은 오래가지 못했다. 스타트업의 민첩함은 곧 불안정함이었고, 열린 문화는 방향 없이 흩어지는 소음에 가까웠다. 특히 대표는 직원들의 의견을 귀담아듣는 듯하면서도, 중요한 순간엔 번번이 묵살하거나 독단적으로 결정을 내렸다.

무엇보다 그를 힘들게 한 건, 자신이 통제할 수 없는 변수가 너무 많다는 사실이었다. 그동안은 최선을 다하고 열심히 하면, 어려워 보이던 문제들도 결국 해결됐다. 하지만 이곳에서는 달랐다. 아무리 애를 써도 어쩔 수 없는 것들이 많았다.

어느 순간, 그는 회사 일에 애정이 사라진 자신을 발견했다. 단순한 권태가 아니었다. 내가 하는 말이 의미 없고, 내가 애쓴 시간이 아무것도 바꾸지 못한다는 느낌. 인생에서 처음 겪어 보는 무력감이었다. 자기 존재가 무의미해지는 것 같은 깊은 수렁 속으로 그는 천천히 가라앉고 있었다.

작은 영웅의 불안

준호 씨의 내면에는 '작은 영웅'이 살고 있었다. 가족을 책임지는 것, 그것이 그의 정체성의 핵심이었다. 자기 역할을 다 해냈을 때 오는 만족감과 뿌듯함이 그를 지탱해 왔다. 가족을 책임질 수 있을 때, 나는 나다운 사람이고, 존재 가치가 있다고 느꼈다.

그에게 '책임진다'는 것은 명확했다. 가족에게 걱정을 주지 않는 것. 피해를 주지 않는 것. 나 때문에 괜한 고생을 시키지 않는 것.

그런데 스타트업으로 옮기면서, 그 단단하던 정체성이 흔들리기 시작했다. 회사를 그만둬야 할 것 같았다. 하지만 다음 단계가 보이지 않았다. 비슷한 스타트업에 가자니, 경험해 보지 않으면 모르는 변수들이 걱정됐다. 그렇다고 안정된 직장을 찾기엔 퇴보하는 것 같았다. 딜레마였다.

"쉬고는 싶은데, 막상 쉬려고 하면 허락되지 않는 기분이에요. 주변에서 다들 괜찮다고 해도, 제가 괜찮지가 않아요."

준호 씨는 주변의 압박보다 자기 내면의 기준에 눌려 있었다. '쉬면 안 된다'는 믿음은 단순한 성실함이 아니었다. 아주 오래된 생존 전략이었다. 어린 시절부터 그는 가족의 문제를 묵묵히 감당해 왔다. 긴장을 놓을 수 없었고, 무언가를 시작할 땐 항상 리스크를 먼저 따졌다. 모험보다 안전을 택했고, 실행 전에 모든 시나리오를 따져 보는 사람이었다.

그런 그에게 지금의 상태—무엇을 해야 할지 모른다는 것, 그 자체가 생전 처음 느껴보는 불안이었다.

혼자 다 해내야 한다는 믿음

"아무에게도… 도와달라고 말한 적이 없어요. 심지어 아내한테도요. 걱정하는 말 한 마디 듣는 것도 너무 싫거든요."

가족에게 도움을 받아야 한다는 현실. 그것은 그에게 받아들이기 힘든 일이었다. 가족은 내가 책임져야 할 대상이지, 내가 기대야 할 대상이 아니었다. 하지만 그 말 뒤에는 다른 문장들이 숨어 있었다.

'내가 약한 모습을 보이면 실망할 거야.', '내 문제를 말하면 오히려 부담만 줄 거야.', '나조차 버거운데, 가족이 이걸 감당할 수 있을까?'

겉으로는 책임감이었다. 하지만 깊이 들여다보면, 그건 가족을 향한 신뢰 부족이기도 했다. 가족이 나를 품어 줄 수 있다는 것, 함께 문제를 해결해 갈 동지가 될 수 있다는 것을 그는 간과하고 있었다. 내면의 작은 영웅은 혼자 싸우는 데 익숙했지, 누군가와 함께하는 법을 몰랐다.

몇 번의 대화 끝에, 준호 씨는 조심스럽게 말했다.

"지금 생각해 보면… 그게 제 자존심이었어요. 그리고 제가 가족을 믿지 못했던 거였어요. 그들도 저처럼 함께 짐을 나눌 수 있는 사람들인데…. 제가 그걸 인정하지 않았던 거예요."

브레네 브라운은 '취약성은 관계가 시작되는 자리'라고 했다. 어쩌면 진짜 강함은 완벽하게 해내는 것이 아니라, 완벽하지 않은 나를 인정하고 타인에게 손을 내미는 것인지도 모른다.

신뢰는 약함을 드러내는 것에서 시작된다

어느 날, 그는 아내에게 처음으로 속마음을 꺼냈다. 회사 상황, 앞으로의 불안, 방향을 잃은 혼란…. 그동안 감춰온 것들이 조심스럽게 흘러나왔다. 땅이 꺼질 듯 걱정할 거라 생각했다.

그런데 아내는 의외로 담담했다. 오히려 말 못 할 고민을 혼자 끙끙 앓고 있던 남편이 더 걱정됐다고 했다. 그랬구나, 당신 혼자서 많이 힘들었겠다. 괜찮아. 당신 지금까지 잘 해왔으니까, 천천히 쉬면서 알아보자. 난 당신이 잘 해낼 거라고 믿어. 나도 일하고 있으니까, 너무 걱정하지 않아도 돼. 잘 될 거야.

그 말에, 준호 씨는 자기도 모르게 눈물이 흘렀다. 아내에게 자신의 취약한 모습을 보인다는 건 상상도 못 했던 일이었다. 하지만 그 눈물은 무겁게 눌러왔던 '내가 다 책임져야 한다'는 작은 영웅의 짐을 녹이고 있었다.

왠지 모를 편안함과 안도감이 밀려왔다. 그리고 문득, 이런 생각이 들었다.

'까짓 것, 뭐 어때. 지금까지 잘 살아왔는데.'

고민을 가족과 나눈다는 것, 짐을 함께 든다는 것이 이렇게 큰 힘이 된다는 걸 그는 처음으로 느꼈다.

준호 씨는 아내와 미래에 대한 계획을 함께 그리기 시작했다. 아이와의 시간도 달라졌다. 그동안은 함께 있어도 마음은 늘 일에 가 있었다. 사랑하는 가족 곁에서도 의무감처럼 시간을 보내고 있었다. 마음의 짐을 내려놓자, 같은 시간이 다르게 느껴졌다. 가족과 함께하는 순간들이 비로소 생생하게 다가왔다.

"그동안은 제가 가족을 책임진다고 생각했는데, 지금은 가족이 저를 지탱해 주고 있다는 걸 알았어요. 이런 말, 예전엔 못 했을 거예요."

완벽하게 해내야 한다는 믿음은 때로 우리를 고립시킨다. 완벽하지 않은 나를 인정하고, 타인에게 손을 내밀 때, 비로소 진짜 연결이 시작된다.

반복되는 패턴 보기

이번 주, 나를 지켜온 방패와 그림자를 이해해 보세요.

① 반복되는 장면 찾기

관계에서 비슷한 갈등이 반복된 적이 있나요? 그 장면들의 공통점은 무엇인가요?

- 늘 비슷한 유형의 사람과 부딪힌다
- 늘 같은 방식으로 상처받는다
- 늘 같은 선택을 후회한다

② 나의 방어 패턴 인식하기

갈등 상황에서 나는 어떻게 반응하나요?

- ☐ 회피: 피하고, 침묵하고, 없던 일로 한다.
- ☐ 공격: 먼저 밀어내고, 비난하고, 방어한다.
- ☐ 순응: 맞추고, 참고, 나를 지운다.
- ☐ 합리화: 이유를 만들고, 생각으로 감정을 덮는다.

③ 패턴의 기원 탐색하기

이 반응은 언제 처음 배웠나요? 그때는 나를 지키기 위해 필요한 전략이었나요? 지금도 여전히 나를 지켜 주고 있나요?

④ 투사 점검하기

유독 거슬리는 사람이 있다면, 그 사람에게서 보이는 것이 혹시 내 안에도 있는 것은 아닌가요?

가디언의 질문

"이 패턴은 나를 지켜 주는가, 가두고 있는가?"

4부

관계 속에서
나를
지키다

우리는 관계 속에서
자신을 확인하려 한다

3부에서 우리는 반복되는 마음의 패턴을 보았습니다. 이제 4부에서는 그 패턴이 관계 안에서 어떻게 작동하는지를 봅니다.

사람은 혼자서 자신을 증명할 수 없습니다. 그래서 우리는 관계 속에서 자신이 사랑받고 있는지, 가치 있는지, 충분히 괜찮은 사람인지를 확인하려 합니다.

인정받고 싶은 마음, 경쟁에서 밀려날 때 올라오는 불안, 가족이나 가까운 이에게 유독 예민해지는 이유는 모두 이 욕구와 연결되어 있습니다.

인정욕구는 사람이라면 누구나 가진 가장 인간적인 갈망입니다.

관계가 힘들어지는 이유는 사랑이 없어서가 아니라, 사랑을 확인하려는 방식이 엇갈리기 때문인 경우가 많습니다. 그 엇갈림의 지점에서, 다른 길이 보이기 시작합니다.

받지 못한 사랑,
주지 못하는 마음

사랑은 본능이 아니라 기술이며, 배워야 하는 것이다.
— 에리히 프롬

"고맙다는 말이 이상하게 저랑 안 맞는 것 같아요."

미영 씨는 두 아이의 엄마이자, 회계사무소에서 일하는 직장인이다. 남편이 가사일을 도와줘도, 아이들이 설거지를 해 놓아도 "고마워."라는 말이 쉽게 나오지 않았다. 엄마로서, 아내로서 최선을 다해 헌신해 왔지만 가족들은 받는 것을 당연하게 여기는 것처럼 보였다. 그럴 때마다 마음 한편이 서운해졌다. 관계가 어딘가 부당하다는 느낌이 들었다.

'이걸 내가 매번 고마워해야 해?'

'이건 당연한 거 아닌가?'

아이들이 설거지한 그릇을 싱크대에 가져다 놓았을 때, 처음엔 고마운 마음이 들었고 말도 자연스럽게 나왔다. 하지만 그 장면이 반복되자, 마음속에서 다른 목소리가 고개를 들었다.

그녀는 자라면서, 그리고 결혼 후에도 누군가에게 진심 어린 인정이나 감사를 받아 본 기억이 거의 없다고 했다. 그래서 사랑을 주는 일에도, 고마움을 표현하는 일에도 서툴렀다. 프롬의 말처럼 사랑은 타고나는 본능이 아니라 배워야 하는 기술이다. 감사와 인정 역시 마찬가지다. 한 번도 충분히 경험해 보지 못한 감정의 언어는 타인에게 건네는 법도 쉽게 익숙해지지 않는다.

투명인간처럼 느껴지는 순간들

미영 씨가 가장 힘들어했던 순간은 자신이 마치 보이지 않는 사람처럼 느껴질 때였다.

"남편이 제 말을 진심으로 듣지 않는 것 같을 때요.

그냥 넘길 수 있을 것 같은데, 그 순간 화가 확 올라와요."

그 분노의 아래에는 다른 감정이 숨어 있었다. '나는 하찮은 사람인가? 나는 중요하지 않은 존재인가?'

그것은 수치심이었다. 수치심은 '내가 잘못했다'는 감정이 아니라 '내 존재 자체가 문제다'라는 느낌이다. 이 감정이 건드려질 때, 우리는 생각보다 훨씬 강하게 흔들린다. 어린 시절 충분한 사랑과 인정을 받지 못한 상처는 성인이 되어서도 관계 속에서 다시 깨어난다. 무시당했다고 느끼는 순간, 과거의 감정이 현재의 장면을 빌려 되살아나는 것이다.

소중한 존재라는 감각이 없었던 아이

그 수치심의 뿌리는 어린 시절의 환경에 있었다. 폭력적이고 공포스러웠던 아버지, 무력했던 어머니, 형제들 사이의 갈등 속에서 '나는 누군가에게 소중한 존재다.'라는 감각은 자라기 어려웠다.

미영 씨는 고마움이나 칭찬이 입에서 잘 나오지 않는다고 했다. 자기 안에 그런 말들이 없는 것 같다고도 했다. 억지로 꺼내 쓰려 하면 오히려 더 어색해지고 불편해졌다.

인정받아 본 적 없는 사람은 타인을 인정하는 일에도 익숙하지 않다. 고마움을 충분히 받아 보지 못한 사람은 고마움을 표현하는 순간, 마치 자신이 지는 것 같은 느낌을 받기도 한다. 그러나 마음 깊은 곳에는 아무에게도 말하지 못한 오래된 바람이 있었다. 나도 누군가에게 진심으로 인정받고 싶다.

그 욕구를 알아차린 순간, 그녀는 자신의 반응이 비로소 이해되기 시작했다.

"아…. 내가 지금, 무시당했던 아이의 자리에서 반응하고 있었구나."

주는 것이 곧 받는 것이다

심리학자 헬렌 슈크만의 영성 고전 『기적수업』에는 이런 말이 나온다. '주는 것이 곧 받는 것이다.'

이 말은 도덕적인 가르침이 아니다. 관계의 현장에서는 아주 구체적인 방식으로 작동한다.

사랑을 충분히 받아 본 사람은 사랑을 주는 것이 어렵지 않다. 반대로, 사랑을 받지 못했다고 느끼는 사람은 사랑을 주려고 애쓸수록 더 불안해진다. 그가 건네는 것은 사랑이 아니라 사랑받지 못한다는 마음이기 때문이다. 그래서 돌아오는 것도 사랑이 아니라 불안이다. 자기가 준 것을 받는 것이다.

불안은 조건화된 사랑의 흔적이다. 잘할 때만 유지되고, 기대에서 벗어나면 언제든 끊길 수 있었던 사랑. 그 기억은 관계를 늘 긴장 속에 놓이게 만든다.

제가 저한테 고마워하기 시작했어요

변화는 아주 작은 알아차림에서 왔다. 미영 씨는 생각을 붙들고 분석하기보다, 그저 알아차리고 흘려보내는 연습을 시작했다.

"아, 내가 지금 이런 생각을 하고 있구나."

그녀는 깨달았다. '무조건 좋은 생각을 하자'는 방식이 때로는 자기 자신에게 폭력이 될 수 있다는 것을.

"예전에 감사한 것을 매일 50개씩 쓰라고 해서, 억지로 쥐어짜듯이 썼던 적이 있어요. 그때는 그게 완전 고문이었어요. 내 마음이 따라오지 않는 상태에서 억지로 '좋은 사람'이 되려니까, 오히려 더 힘들고 좌절스럽더라고요. 나는 이것도 안 되는 사람인 것 같아서 포기하게 됐어요.”

요즘은 다르다고 했다. “고마워.”라는 말이 조금씩, 억지로 애쓰지 않아도 나온다. 그리고 무엇보다 중요한 변화가 있었다.

“제가 저한테 고마워하기 시작했어요. ‘오늘도 고생했어.’ 이렇게요. 그러니까 다른 사람들한테도 그 말이 조금씩 나오더라고요.”

사랑은 다시 기술이 된다

받지 못한 사랑은 아픔이다. 그러나 그 아픔을 외면하지 않고 알아줄 때, 사랑은 다시 돌아온다.

사랑은 누군가에게 먼저 증명 받아야 할 자격이 아니라, 내가 나에게 먼저 해 줄 수 있는 기술이 된다.

내 안의 ‘사랑받지 못한 내면아이’를 알아차리고, 성인자아가 그 곁에서 말해 줄 수 있다.

“그래도 괜찮아. 지금의 너도 충분해.”

그 순간, 자아를 지키기 위한 방어였던 관계의 오래된 패턴은 느슨해지고 사랑은 다시 흐르기 시작한다.

마음의 작동 원리:
자기와의 관계

심리 코칭을 하다 보면 자존감이 낮아서 힘들다고 말하는 사람들을 만나곤 한다. 그러나 조금 더 가까이 들여다보면, 문제는 자존감 자체가 아니라 자기 자신과의 관계인 경우가 많다. 타인과의 관계를 바꾸기 전에, 먼저 살펴봐야 할 관계가 있다. 바로 자기 자신과의 관계다.

우리는 언제나 자기 자신과 함께 살아간다. 혼자 있을 때도, 실패했을 때도, 잘했을 때도 늘 '나'와 대화하고, 판단하고, 평가하며 하루를 보낸다. 그런데 그 관계를 가만히 들여다보면, 많은 사람들이 자기 자신과의 관계에서 어려움을 겪고 있다.

부족한 모습이 드러나면 그 부분을 외면하고, 밀어내고, 혼낸다. 마음 한쪽 구석에 가둬 두거나 아예 없었던 존재처럼 취급하기도 한다. 반대로 잘하는 모습이 나타날 때는 다르다. 그 모습만

이 '진짜 나'인 것처럼 살고 싶어진다. 그런 나를 자랑스러워하며 타인 앞에 내세우고 싶어한다.

잘할 때는 안도감과 유능감을 느끼지만, 무언가 안 되는 순간 다시 불안과 수치심, 두려움에 휩싸인다. 이렇게 우리는 '잘하는 나'와 '부족한 나'를 완전히 다른 존재처럼 대하곤 한다.

그러나 우리 안에는 언제나 이 두 가지 모습이 함께 존재한다. 누구도 모든 영역에서 완벽할 수는 없다. 문제는 부족함 그 자체가 아니라, 부족한 나와 맺고 있는 관계의 방식이다.

자기와의 관계가 바뀌는 3단계
1단계: 추방과 동일시

이 단계에서 사람은 부족한 자기 모습을 '수정의 대상'이 아니라 '추방의 대상'으로 여긴다. 그 모습은 숨겨야 하고, 없애야 하고, 들키면 안 되는 존재가 된다. 대신 마음은 자연스럽게 잘하는 모습과 강하게 동일시한다. "이 모습일 때만 괜찮다.", "이렇게 살아야 인정받는다."는 자기에 대한 신념이 만들어진다.

한 30대 남성이 있었다. 그는 회사에서 '강한 사람'으로 통했다. 어떤 상황에서도 흔들리지 않고, 감정을 드러내지 않았다. 후배들은 그를 믿음직하다고 했고, 상사들은 그를 신뢰했다.

그런데 그에게는 아무도 모르는 비밀이 있었다. 혼자 있을 때면 이유 없이 불안했다. 가슴이 답답하고 숨이 막혔다. 하지만 그는 그 감정을 말하지 않았다. 누군가에게 약한 모습을 보이느니 차라리 혼자 견디는 게 낫다고 믿었다. 약한 나는 문제 있다고 생각했다.

그런데 이 신념은 어디서 온 것일까?

우리는 자기 자신을 직접 인식하지 못한다. 이상하게 들릴 수 있지만, 사실이다. 아기는 처음부터 '나'라는 개념을 갖고 태어나지 않는다. 아기가 자기를 처음 인식하는 방식은 엄마의 눈에 비친 자기 모습을 통해서다. 엄마가 사랑스럽게 바라보면 "나는 사랑받을 만한 존재구나."라는 감각이 생기고, 짜증스럽게 바라보면 "나는 뭔가 잘못된 존재인가?"라는 느낌이 남는다.

타인의 시선이 내면화되어, 나를 바라보는 내 안의 관점이 된다.

그래서 "나는 어떤 사람인가?"라는 질문에 떠오르는 대답은 사실 '진짜 나'에 대한 인식이 아닐 수 있다. 어린 시절 부모가, 교사가, 사회가 나를 바라보던 시선이 내면화된 결과이기 때문이다.

모든 아이는 충분히 괜찮은 존재로 태어난다. 사랑받을 가치가 이미 충만한 상태로 세상에 온다. 그러나 성장 과정에서 아이는 학습한다. 어떤 모습일 때 환영받고, 어떤 모습일 때 거부되는지를. 그 순간부터 아이는 자기 자신을 기준으로 삼기보다 타인의 시선을 기준으로 자신을 평가하기 시작한다. 그리고 그 기준이 자기 자신을 대체하는 자아상이 된다.

아이는 타인의 시선뿐 아니라 타인의 욕망도 내면화한다. 부모가 원하는 모습, 사회가 인정하는 성공, 주변이 부러워하는 삶의 형태. 그것들이 어느새 자기 욕망처럼 느껴지기 시작한다. "이것을 이루면 행복해질 거야.", "저기에 도달하면 비로소 괜찮아질 거야." 그렇게 믿으며 달린다. 타인의 욕망을 욕망하게 되는 것이다.

그래서 어떤 이들은 오랫동안 갈망했던 것을 마침내 성취하고도, 설명하기 어려운 허전함을 경험한다. 채워도 채워지지 않는 느낌. 마음이 텅 빈 것 같은 공허함. 그건 자기가 진짜 원했던 것이 아니기 때문일 수도 있다. 타인의 욕망을 자기 욕망이라 믿고 따라갔기 때문이다.

2단계: 인식과 분리

"왜 나는 나에게 이렇게까지 엄격할까?"

"이 목소리는 정말 내 목소리일까?"

이 질문이 등장하는 순간, 자기와의 관계는 이미 변화의 문턱에 들어선다. 이 단계에서는 부족한 나를 혼내는 목소리, 끊임없이 기준을 들이대는 평가의 시선이 내 본질이 아니라 내 안에 내면화된 타인의 시선임을 알아차리기 시작한다.

한 40대 여성이 있었다. 그녀는 무엇을 해도 스스로 만족하지 못했다. 일을 잘 마쳐도 '이 정도로는 부족해.'라는 생각이 먼저 들었다. 칭찬을 받아도 불편했다. 속으로는 늘 '더 잘해야 해, 아직 멀었어.'라고 말하고 있었다.

어린 시절, 어머니는 늘 말했다. "그것밖에 못 해?", "다른 애들은 더 잘하던데." 95점을 받아오면 "5점은 왜 틀렸어?"라고 물었다. 잘한 것은 당연한 것이었다. 실수한 점만 지적받았다.

그녀의 내면에서 자신을 혼내던 목소리는 그녀의 목소리가 아니었다. 어머니가 자기를 보던 방식이 그녀 안에 남아서, 지금도 그녀를 채점하고 있었다.

자기에 대한 인식이 깊어지면 조금 더 구체적인 질문이 가능해진다. '지금 나를 비난하는 이 목소리는 누구의 것인가? 내가 나를 바라보는 이 시각은 정말 나의 생각인가? 이 부족함의 느낌은 진실인가, 아니면 오래된 조건화인가? 내가 이토록 원한다고 믿었던 것은 정말 나의 욕망이었나?'

이 질문들 앞에서 오랫동안 '나'라고 믿어 왔던 것들이 흔들리기 시작한다.

"아, 이건 내가 나를 미워하는 게 아니라 예전에 나를 보던 방식이 지금도 내 안에서 반복되고 있는 거구나."

이 인식이 생기면 자기혐오는 성격 문제가 아니라 관계의 잔재로 보이기 시작한다. 그리고 공허함은 실패의 증거가 아니라 자기 욕망을 되찾으라는 신호로 읽히기 시작한다.

3단계: 공존과 효능

이 단계에서 자존감의 의미는 완전히 달라진다. 자존감은 더 이상 "나는 멋진 사람이다."라는 자기암시가 아니다. "나는 부족해도 괜찮다."는 문장이 가슴으로 받아들여진다. '좋은 것도 있지만 부족한 것도 있어. 잘하는 것도 있지만 못하는 것도 있어. 꼼꼼하지만 실수할 때도 있어.' 이런 양가적인 모습이 이해된다. 이것이 자존감의 핵심이 된다.

김 차장은 오랫동안 실수를 두려워했다. 자기 역할에 완벽해야 한다고 믿었다. 그는 신규사업팀에 발령이 났다. 모르는 것이 많았지만 물어보지 않았고, 힘들어도 내색하지 않았다. 약점을 보이면 신뢰를 잃는다고 생각했다.

그런데 자기 내면을 들여다보면서, 그는 완벽함에 대한 집착을 발견했다. 그것이 오히려 문제를 일으키고 있다는 사실을 직면했다. 그리고 조금씩 다른 방식을 시도해 보았다.

어느 날 회의에서 그는 처음으로 이렇게 말했다. "이 부분은 제가 잘 모르겠는데, 김 대리가 설명해 줄 수 있어요?" 팀원들은 그를 무시하지 않았다. 오히려 더 편하게 대화가 이어졌다.

"예전에는 모르는 게 부끄러웠어요. 지금은 달라요. 모르면 물어보면 되고, 부족하면 배우면 돼요. 이상하게도, 그렇게 생각하니까 오히려 더 잘하게 되더라고요."

그는 완벽한 사람이 되려 하지 않았다. 부족함과 함께 살아가는 법을 배웠다. 부족해도 괜찮다는 것을 알게 되자, 부족함이 더 이상 그를 가두지 않았다.

자기 효능감 역시 완벽함에서 나오지 않는다. "부족하지만 노력하면 잘할 수 있어."라는 문장이 뿌리 깊은 신념으로 작용한다. "나는 시도할 수 있고, 배울 수 있고, 개선될 수 있다."는 현실적인 자기 신뢰가 자기 효능감을 지지한다.

이 단계에서는 '전략적으로 잘하는 나'에 집중한다. 그것은 나의 강점이고 자원이다. 그러나 동시에 '못하는 나'를 배제하지 않는다. 그 모습과 함께 살아가며 개선해 간다. 자기 자신과 화해하고 협력적인 관계를 맺기 시작한다.

그리고 타인이 원하는 것을 원하는 것이 아니라, 자기 안에서 올라오는 것을 느끼기 시작한다. "이것이 정말 내가 원하는 것인가?" 이 질문을 스스로에게 던지며 자기의 삶을 살아간다.

감정은 진실이 아니다

자기와의 관계를 바꾸려 할 때 가장 큰 장애물은 감정이다. 우리가 경험하는 불안, 수치심, 모멸감은 항상 진실을 말해 주지 않는다. 그 감정들 중 상당수는 조건화된 생각이 만들어 낸 이차 감정이다. "나는 부족하다."는 생각이 수치심을 부르고, "실패하면 끝이다."라는 생각이 두려움을 부른다.

그 감정을 '내가 정말 부족하기 때문에 느끼는 것'이라고 믿는 순간, 우리는 '나는 여전히 모자란 사람'이라는 우울한 환상 속에 갇히게 된다. 그러나 그 환상은 자기 자신의 본질이 아니라, 타인의 시선이 남긴 흔적이다.

우리는 원래 충분히 괜찮은 존재로 태어났다. 자기를 거부하게 만든 것은 자기 자신이 아니라, 외부의 시선이었다.

자기와의 관계를 개선한다는 것은 나를 바꾸려 애쓰는 일이 아니다. 내가 나를 어떻게 대하고 있었는지를 처음으로 정확히 바라보는 일이다. 그리고 그 지점에서, 자아상 뒤에 가려져 있던 진짜 자기가 다시 모습을 드러낸다.

부족한 나도 나였다. 처음부터.

감정의 언어가
통하지 않는 집

"남편이 고마워요. 근데… 아직도 미워요."

희주 씨는 조심스럽게 말을 꺼냈다. 대화 초반부터 눈물이 차올랐다. 그 눈물 안엔 수십 년간 쌓인 억울함과 서운함, 말하지 못한 외로움이 함께 들어 있었다.

작은 상처들이 쌓이는 순간

큰아들이 기숙학교에 진학하게 되어, 처음으로 집을 떠나게 된 날이었다. 아빠와 아이는 차 트렁크에 짐을 실으며 분주했고, 희주 씨는 연신 아이가 빠뜨린 것이 없나 챙기며, 작은 간식과 편지까지 넣어 주었다.

"엄마, 이제 됐어. 오버하지 마."

아들은 쑥스러운 듯 말했고, 남편도 옆에서 덧붙였다. "응, 가자. 엄마는 늘 좀 과해."

그 순간, 희주 씨는 말없이 고개를 끄덕였지만, 마음속에서 쿵하고 무언가 내려앉았다. 수고했다는 말 하나 없이, 감정은 잘려 나가고 역할만 남은 듯한 순간이었다.

그날, 그녀는 돌아오는 차 안에서 조용히 눈물을 삼켰다. 그렇게 또 한 번, 감정의 언어가 통하지 않는 집에서 마음을 내려놓았다.

마음의 전쟁터에서 살아온 여자

희주 씨는 군인의 아내였다. 남편은 평생을 묵묵히 일하며 가정을 책임졌고, 아이들 교육과 생활비를 걱정하지 않게 해 준 든든한 사람이었다. 큰소리 한 번 내지 않았고, 외박이나 취미 생활 없이 온전히 가족을 중심으로 살아왔다.

희주 씨는 그 점이 늘 고맙고 미안했다. 남편 나름의 사랑이 있다는 것도 알았다. 매달 정확히 들어오는 생활비, 아이들의 학원비를 먼저 챙기는 모습, 주말이면 묵묵히 집안일을 돕는 손길. 그의 사랑은 말이 아닌 행동으로 표현되고 있었다.

하지만 고마움은 곧 외로움이 되었다.

남편은 정서 표현이 서툴렀고, 감정을 나누기보다는 "잘 지내고 있으면 된 거지."라는 태도로 일관했다. 희주 씨가 힘들다고 말하면 "뭐가 힘들어? 다른 집보다 낫잖아."라는 반응이 돌아왔다.

"이 집에서는 감정을 말하면 안 되는 것 같았어요."

남편은 "그게 왜 문제야?"라고 했다. 아이들도 비슷했다. "엄마는 왜 그렇게 예민해?", "또 감정적이야?"

희주 씨는 점점 혼란스러웠다. '내가 이상한 건가? 내가 너무 많은 걸 원하는 건가?'

어린 시절부터 익숙한 패턴

"어릴 때부터 그랬어요. 우리 집은 아버지가 무뚝뚝한 분이셨고, 어머니는 늘 바쁘셨어요. 제가 뭔가 말하려 하면 '그런 거 신경 쓸 시간에 공부해.'라고 하셨죠."

그녀는 어린 시절부터 감정을 말하는 것이 '사치'라고 배웠다. 가족 안에서 감정적 욕구는 늘 뒷전이었고, 실용적이고 현실적인 것만이 가치 있다고 여겨졌다.

"저는 그냥… 감정이 없는 집에 감정 많은 사람으로 태어난 것 같아요."

희주 씨의 말은 자기 고백이자, 내면아이의 탄식이었다. 감정을 느끼지만 말하지 못하는 아이, 이해받지 못하고 혼자 오해받아 온 아이. 희주 씨의 내면아이는 여전히 그 자리에 서 있었다.

홀로 버텨 온 시간들

군인 가족으로 살며 혼자 아이를 키우고, 외롭게 버텨온 시간. 아이가 아픈데 병원에 혼자 데려가고, 불안한 마음으로 약을 먹이고, 밤을 꼬박 새웠던 날들이 스쳐 지나갔다.

"한번은 둘째가 열이 40도까지 올라서 응급실에 갔는데, 남편은 출장 중이었어요. 혼자 아이 안고 새벽까지 기다리면서…, '나는 정말 혼자구나.' 하는 생각이 들었어요."

그 모든 상황 속에서 그녀는 묵묵히 살아냈지만, 아무도 "힘들었겠다."고 말해 주지 않았다. 오히려 "군인 아내는 원래 그런 거야.", "다른 사람들도 다 그렇게 살아."라는 말만 들었다.

"그때도 지금도, 저는 너무 억울했어요."

희주 씨는 남편을 원망하면서도, 동시에 고마워하고 있었다. 남편은 무뚝뚝했지만 가족을 책임졌고, 변함없이 자리를 지켰다. 그러나 그녀는 그 책임감 안에서 정서적 유대를 갈구했다.

작은 실험들

"그동안 혼자 너무 잘 버텼어. 말 못하고, 울고, 참느라 힘들었지…. 미안해. 이제는 내가 네 편이 되어 줄게." 그녀는 자기 안에 외롭던 아이에게 말을 건넸다. 그 말은, 그녀가 처음으로 자신에게 건넨 위로였다. 오랜 시간 참고 살았던 자신에게 보내는 따뜻한 포옹이었다. 눈물이 흘렀다. 그건 억울함의 눈물이 아니라, 자신을 받아들이는 눈물이었다.

그날 이후 희주 씨는 조금씩 자신의 감정을 허용하기 시작했다.

먼저, 억울함을 외면하지 않고 '지금 나는 서운하다.'고 마음속으로 말하기 시작했다. 그 감정이 틀렸다고 자책하지 않았다. 그리고 "오늘 좀 피곤해."라고 남편에게 말해봤다. 예전 같으면 "괜찮아, 괜찮아."만 했을 텐데, 이번엔 솔직하게 말했다. 또한 매일 산책을 하며 자신과 대화하는 시간을 만들었다. "오늘 어땠지? 힘든 일은 없었나?"

남편의 반응이 달라진 건 아니었다. 여전히 "뭐가 피곤해?"라고 말했다. 하지만 희주 씨는 더 이상 그 말에 무너지지 않았다.

'아, 저 사람은 저런 방식으로 표현하는구나.'

수용은 상대가 아닌 내 마음을 다르게 보는 일

그녀의 남편은 여전히 표현이 없었다. 그러나 이제 그녀는 그런 남편을 바꾸려 하지 않았다. 그냥 그런 사람이라는 걸 인정하기로 했다. 그녀는 남편의 사랑 표현 방식을 조금씩 읽을 수 있게 되었다고 했다.

한번은 그녀가 기침을 하자 말없이 꿀차를 타다 주었다. 예전 같으면 '말 한 마디 없이' 꿀차만 타 주는 남편이 서운했었다. 아무리 남자라도 너무 무뚝뚝한 게 싫었다. 그런데, 이번엔 이게 남편의 애정 표현이라는 사실이 마음으로 이해됐다. 그러자 남편에게 고마운 마음이 들었다.

바꿀 수 없는 것은 바꿀 수 없다. 바꿀 수 없다는 사실을 확실하게 알아도 마음은 한결 가벼워진다. 바꿀 수 없는 것을 바꾸려는 불가능한 노력을 멈추게 된다. 내가 바꿀 수 있는 것, 그것에 집중하게 된다.

관계 안에서 나를 지키는 법

이제 그녀는 감정을 표현한다고 해서 거절당할 것 같다는 두려움에서 벗어나기 시작했다.

작은 변화들이 일어났다. 남편과 라면을 함께 끓이며 "이런 시간도 좋네."라고 말해 보기도 하고, 아이들이 전화할 때 "엄마는 오늘 이런 기분이야."라고 솔직하게 표현하기도 했다. 서운한 일이 있어도 "내가 예민한 게 아니라, 그럴 수 있는 거야."라고 스스로를 지지했다.

"예전엔 남편이 나를 너무 힘들게 한다고 생각했어요. 남편에게 힘든 마음을 위로받고 싶은 마음이 컸던 것 같아요. 남편이 그런 사람이 아니니, 너무 서운하고 미웠고요. 그런데 지금은… 내가 나를 버티게 하고 있어요."

미움과 고마움을 동시에 품기

정신분석가 멜라니 클라인은 '편집분열자리'라는 개념을 말했다. 어린 아이는 좋은 것과 나쁜 것이 한 사람 안에 함께 존재한다는 사실을 이해하지 못한다. 다정하게 굴다가 갑자기 차갑게 구는 엄마 앞에서, 아이는 혼란에 빠진다. 좋은 사람이 때때로 자기 욕구를 들어주지 않는 나쁜 사람이 될 수도 있다는 사실을 받아들이지 못하는 것이다. 이렇게 양가적인 상태를 받아들이지 못하는 마음을 편집분열자리라고 했다.

마음이 편집분열자리에 갇혀 있으면, 흑백논리가 강해진다. 이상적인 역할에 집착하면서 그러지 못하는 모습을 받아들이지 못하고 바꾸려는 충동이 강해진다. 일관된 돌봄을 충분히 받지 못한 아이는 성장해서도 이러한 흑백논리에 사로잡힌다. '사랑받고 있지 않으면 나는 버려진 거야. 내 말이 맞지 않으면 틀리는 거야. 고맙지 않으면 서운한 거야.' 이렇게 하나의 선택지만 고집하게 된다.

그러나 현실의 관계는 언제나 양가적이다. 모든 사람 안에는 좋은 면과 나쁜 면이 함께 존재한다. 이 둘이 함께 있다는 사실을 이해하고 견딜 수 있을 때, 마음은 편집분열자리를 벗어난다. 세상은 덜 위협적으로 보이고, 관계는 덜 극단적으로 느껴진다.

희주 씨의 변화는 바로 이 지점에서 일어났다. 그녀는 감정을 정리하려 하지 않았다. 대신, 상반된 감정이 함께 존재하는 상태를 견디기 시작했다. 처음에는 그 사실을 받아들이기 힘들었다.

원했던 것을 얻을 수 없다는 사실에 좌절했다. 그러나 그 슬픔이 지나가자 마음은 이상하게 평온해졌다. 그럴 수 있다는 사실이 오히려 당연하게 느껴졌다.

희주 씨는 여전히 남편에게 서운할 때가 있다. 아이들이 무심할 때도 있다. 하지만 이제는 그 감정들을 있는 그대로 받아들인다. 미운 마음도 내 마음이고, 고마운 마음도 내 마음이다. 둘 다 진짜 내 마음이다. 그걸 부정할 필요는 없다. 그녀는 이제 하나의 감정만을 선택하지 않는다. 대신 상반되는 감정들을 인정하고 소통한다.

"남편한테 '고맙다.'고 말할 때도 있고, '그런데 이건 좀 서운해.' 라고 말할 때도 있어요. 둘 다 진실이니까요."

감정의 언어를 되찾아가는 여정

감정을 말할 수 없던 집에서, 그녀는 이제 감정의 언어를 복원하고 있다. 무표정한 남편 옆에서, 말없이 크는 아이들 곁에서, '미움'과 '고마움'을 동시에 품으며, 희주 씨는 자기 마음의 주인이 되기 시작했다.

관계에서 상대방의 변화를 기다리는 것은 때로 무망한 일이다. 하지만 내가 나를 바라보는 방식을 바꾸는 것은 언제든 가능하다. 수용은 포기가 아니라, 현실을 받아들이면서도 내 마음을 지키는 지혜다. 그리고 그 지혜는 관계를 더 풍요롭게 만든다.

아들의 친절이
불안한 엄마

"얘가 저렇게 착하기만 하면 나중에 어떡하지?"

혜진 씨는 고등학생 아들이 친구를 도와주는 모습을 보며 문득 이런 생각이 들었다고 했다. 친구 자전거가 펑크 났다고 하니 제일처럼 나서서 고쳐 주고, 누가 부탁하면 웬만하면 다 들어주려고 하는 아들. 왠지 그런 모습이 불안했다.

"제가 이상한 건가요? 성격 좋은 아들인데, 왜 마음이 편하지 않을까요?"

혜진 씨의 말에는 설명하기 힘든 복잡함이 담겨 있었다. 의리 있어 보이는 아들이 기특했지만, 동시에 그 좋은 성격이 걱정스럽다는 모순된 감정. 그 뒤에는 그녀만의 오래된 이야기가 숨어 있었다.

제 결혼식 날, 그 친구는 오지 않았어요

혜진 씨는 대학 시절 가장 친했던 친구 이야기를 꺼냈다. 늘 먼저 다가와 속마음을 털어놓던 친구였고, 혜진 씨는 그런 친구를 많이 좋아했다고 했다. 집안 형편이 어렵다던 친구를 위해 자신이 맡기로 했던 과외 자리도 양보했고, 힘든 일이 있으면 언제든 달려갔다.

그러나 그녀의 결혼식에 친구는 연락도 없이 오지 않았다. 나중에 이유를 물어보니 '집에 일이 있었다고' 사과 한 마디 없이 대답했다. 그 후로도 친구의 연락은 대부분 무언가 필요할 때만 왔다. 취업 준비를 한다며 혜진 씨가 다니던 회사 추천서를 부탁했고, 혜진 씨는 상사에게 부탁해서 면접 기회까지 만들어 줬다. 그런데 친구는 면접 전날 갑자기 "다른 곳에서 연락이 와서 안 가기로 했어."라며 통보했다.

그 일 이후 혜진 씨는 사람을 쉽게 믿지 않게 되었다고 했다. 누군가 다가오면 먼저 선을 긋고, 마음속에는 단단한 성벽을 쌓았다. '이번엔 절대 호구가 되지 않겠다.'는 다짐과 함께.

저러다 사람들한테 휘둘리는 거 아니야?

혜진 씨가 아들의 친절을 불안하게 바라보는 이유도 여기에 있었다. 자신이 겪었던 상처를 아들에게 투사하고 있었던 것이다.

"'저러다 사람들한테 휘둘리는 거 아니야?', '저렇게 속없이 다 들어주다간 결국 이용당하게 돼······.' 이런 생각이 자꾸 올라왔어요."

겉으로는 아들에 대한 걱정처럼 보였지만, 실은 그녀 안에 있는 불안과 두려움이었다. 예전 친구와의 관계에서 느꼈던 배신감과 부당함이, 아들의 친절한 행동을 걱정의 눈으로 해석하게 만들고 있었다.

내 감정 자체를 확신하지 못했어요

그 뿌리는 보다 깊은 곳에 있었다. 혜진 씨는 어릴 때부터 자신의 감정을 지킬 수 있는 '심리적 경계선'을 제대로 배울 수 없었다. 그녀의 아버지는 강압적이었다. 무언가 기분 나쁘거나 부당함을 느껴도 그런 감정 자체를 인정받지 못했다.

타인에 의해 공감받지 못한 감정은 스스로도 공감하기 어렵다. 자기에게 일어난 감정이지만, 그 감정의 정당성을 의심하게 된다. '지금 화가 나는데, 화가 나는 게 맞나?' 하며 혼란스러워하는 것이다. 자기 감정을 확신하지 못하면 감정이 보내는 신호를 읽어내지 못한다. 화, 불안, 긴장, 슬픔, 좌절, 안도감의 감정이 오고 가지만, 그 감정의 이유를 알지 못한다.

심리적 경계선은 내가 누구인지, 어디까지가 나이고 어디부터가 타인인지를 구분하게 해 주는 보이지 않는 울타리다. 경계선이 취약한 사람은 자신의 감정과 권리를 보호하지 못하거나, 반대로 타인의 영역을 함부로 침범해 관계에 상처를 남긴다.

경계가 무너진 채 자란 혜진 씨는 누군가 다가올 때 자신을 지키기보다 상대의 욕구에 먼저 반응했다. '이 사람의 필요와 욕구를 챙겨줄 수 있어서 다행'이라고 여기며, 거절은 낯설고 자신의 권리를 주장하는 것은 이기적인 일처럼 느껴졌다. 또 많은 경우 자기의 욕구가 무엇인지도 잘 알지 못했다.

하지만 그런 관계는 오래가지 못한다. 주기만 하고 받지 못하는 사랑은 마음을 고갈시키고, 고갈된 마음은 실망과 원망이 스며든 관계 단절로 이어진다.

투사를 알아차리고 있는 그대로 보기

"혹시 내가 나의 상처로 아들을 보고 있는 건 아닐까?"

그 질문은 그동안 보지 못했던 새로운 관점을 열어 줬다. 아들의 따뜻한 행동을 더 이상 불안의 눈으로 보지 않고, 있는 그대로 인정하려고 노력하기 시작했다.

"요즘은 아들이 친구를 도와줄 때, '친구를 도와주고 싶구나.' 하고 먼저 생각해요. 물론 가끔 예전 생각이 올라오기도 하지만, 이제는 '아, 내가 또 투사하고 있구나.' 하고 알아차릴 수 있어요."

혜진 씨는 자신에게도 이렇게 말한다.

"나는 더 이상 다른 사람에게 이용당하지 않을 거야. 이제 나도 나를 지킬 수 있어. 사람들은 모두 각자 자기 방식으로 살아가는 거야. 이용당했다는 것도 네 생각일 수 있어. 네가 좋으면 좋고 싫으면 싫다고 말해도 괜찮아. 내가 너를 지켜줄게.”

투사를 인식하는 것만으로도 관계는 몰라보게 달라진다. 상대방을 있는 그대로 보려고 노력할 때, 비로소 진정한 연결이 가능해진다. 과거의 상처에 현재가 오염되지 않는다.

투사를 알아차리는 연습

- **멈추고 묻기**: “지금 내가 보는 건 현실인가, 과거의 기억인가?”
- **감정 분리하기**: “이 불안은 상대 때문인가, 내 상처 때문인가?”
- **있는 그대로 보기**: “일단 판단을 잠시 내려놓고, 상대의 행동을 그대로 바라보자.”
- **내 상처 돌보기**: “나는 더 이상 그때의 내가 아니야. 이제 나를 지킬 수 있어.”

감정문맹
아버지의 속사랑

모든 진정한 삶은 만남이다.
— 마르틴 부버

우리는 진정한 소통을 원한다. 마음과 마음이 만나 하나가 되는 느낌. 내 마음을 표현하고 싶고, 서로의 마음을 이해받고 싶어 한다. 가장 사랑하는 사람, 가족은 그러한 기대가 가장 높은 존재들이다. 우리는 가족을 자신의 일부라고 여긴다. 그래서 내 마음이 받아들여지지 않을 때, 그것에 대한 상처와 실망은 기대만큼이나 크다.

"아빠가 보기엔 괜찮은 것 같은데, 네가 마음에 안 들면 AS 요청해."

최 이사는 별 뜻 없이 한 말이었다. 대학생 딸의 방 인테리어를 새로 해 줬다. 딸이 고른 업체였고, 시공비도 만만치 않았다. 그런데 막상 결과물을 본 딸은 마감이 별로라며 불만을 털어놨다. 그래서 그는 실용적인 해결책을 제시했다. 그게 전부였다.

"아빠는 왜 맨날 그렇게 말을 기분 나쁘게 해? 왜 항상 공감을
안 해 줘?"

딸의 목소리에 날이 서 있었다. 최 이사는 순간 당황했다. 자신
은 딸을 위해 많은 것을 해 줬다고 생각했다. 비싼 돈을 들여 딸의
요구를 들어줬고, 불편함도 감수했다. 그런데 돌아온 반응은 원망
이었다.

그러자 문득, 별거 중인 아내의 말이 떠올랐다.

"당신은 당신밖에 몰라. 단 한 번도 내 편이 되어 준 적 없어. 당
신과 한 공간에서 숨 쉬는 것조차 힘들어."

그때도 그는 아내의 말을 이해할 수 없었다. '내가 뭘 그렇게 잘
못했나?' 어디서 딴짓한 것도 아니고, 힘들게 회사 다니며 열심히
돈 벌어왔고, 가정에 소홀하지도 않았다. 그는 불만을 토로하는
아내에게 정신과 상담을 권했다. 그 말에 아내는 폭발했고, 결국
친정으로 내려가 연락을 끊었다.

딸에게도, 아내에게도 그는 '공감하지 않는 사람'이었다. 마음
은 있었지만, 전달되지 않았다.

위험한 감정, 무력한 아이

우리는 말과 행동을 바꾸기 위해 많은 노력을 한다. 그러나 말
과 행동을 바꾸는 일은 좀처럼 쉽지 않다. 일시적으로 바뀌어도
다시 돌아오는 경우가 흔하다. 마음이 바뀌지 않았기 때문이다.

최 이사의 갈등도 말의 문제가 아니었다. 겉으로는 공감 못 하는 말과 태도가 문제인 것처럼 보였지만, 사실 진짜 문제는 그의 내면에 숨겨져 있었다. 바로 공감의 재료가 되는 감정에 대한 뿌리 깊은 생각이었다.

최 이사는 감정을 부차적인 것으로 여기고 있었다. 감정은 해롭고, 감정을 표현하는 것은 문제라고 믿었다.

"걱정해도 소용없어."

"화를 내면 더 손해야."

"그냥 이성적으로 생각하자."

그래서 아내와 딸이 힘들다고 말할 때, 그는 진심으로 걱정하기보다는 조언을 하거나 대수롭지 않게 넘겼다. 그런 태도가 가족에게 얼마나 상처가 되었는지 당시에는 전혀 알지 못했다.

아내가 화를 내면, 감정조절을 못 하는 아내가 문제 있다고 생각했다. 말을 하면 더 화를 돋울 것 같아 참고 들어줬다. 그런데도 아내는 아무 말도 안 한다고 더 화를 내곤 했다. 그는 억울했다.

나는 공감을 제대로 배우고 싶다는 그에게 물었다.

"화난 아내를 보면 어떤 생각이 드시나요?"

"화낼 일도 아닌데 왜 저러나, 싶습니다."

"그 생각을 하면서 진심으로 공감할 수 있을까요?"

순간, 그는 자기를 돌아봤다. 자신이 아내의 감정을 먼저 판단하고 있었다는 것을. 감정에는 옳고 그름이 없는데, 자신은 늘 아내의 감정을 '과하다', '문제 있다'고 평가하고 있었다.

"사실 아내의 말보다, 말에 담긴 감정이 문제라고 생각했어요. 화를 내는 게 문제라고 여겼죠."

나는 조심스럽게 물었다.

"혹시 어릴 때 화난 사람을 보면 어땠나요?"

그는 잠시 침묵했다. 어린 시절, 엄한 아버지 앞에서 아무 소리 못 하고 숨죽이며 지냈던 기억이 떠올랐다. 화는 위험한 감정이었다. 아버지가 화를 내면 그저 폭풍이 지나가기만을 기다려야 했다.

"지금 생각해 보니…, 아내가 화를 낼 때마다 저는 그때 그 아이가 되어 있었던 것 같아요. 아내의 화 속에 담긴 실망이나 불안을 들어줄 수가 없었어요. 그냥 빨리 지나가기만 바랐죠."

감정은 사실 위험한 것이 아니라, 들어줘야 할 신호다. 하지만 어린 시절 화난 아버지 앞에서 무력했던 아이는, 어른이 되어서도 화 앞에서 여전히 무력한 아이로 남아 있었다.

그래서 그는 두 가지 방식으로 대응하고 있었다. 하나는 논리로 아내를 설득하는 것. "당신 생각이 합리적이지 않아. 이건 문제 있는 거야." 다른 하나는 침묵. 아무 말없이 화가 가라앉기를 기다리는 것. 둘 다 감정을 회피하는 데 도움이 될 수 있었지만 정작 감정을 대화의 재료로 삼아 마음을 소통하고 공감하는 데는 가장 큰 걸림돌이 되고 있었다.

공감이라는 언어를 배우기

공감은 단순한 기술이 아니라 하나의 언어다. 마치 외국어처럼, 한동안 반복해서 배우지 않으면 자연스럽게 하기가 어렵다. 영어를 잘하기 위해 단어를 암기하고, 문장을 읽고, 실제 말로 표현하면서 몸에 익히는 것처럼 공감도 그렇다. 감정의 단어를 익히고, 자꾸 말로 표현해 보면서 몸으로 체득해야 한다. 그러나 여전히 많은 사람들이 자신이 공감의 언어를 모른다는 사실조차 인식하지 못한다.

최 이사는 감정 난어를 연습하고 공감 표현을 배우기 시작했다. 그에게는 마치 어려운 수학 문제를 푸는 것처럼 느껴졌다. 상대의 감정은커녕 자신의 감정도 또렷하게 느껴본 적이 거의 없었다. 그런데 잠시 멈춰 자기 마음에 귀를 기울이자, 생각보다 자주 화가 나 있었고, 많은 불안과 긴장 속에 살아왔다는 사실이 보였다. 자기 감정에 조금씩 익숙해지자, 상대의 말 속에 숨겨진 감정도 더 또렷하게 다가오기 시작했다. "화났구나.", "속상했겠다.", "힘들었겠다." 같은 공감의 문장은 처음엔 입에 잘 붙지 않아 어색했지만, 반복할수록 언어가 조금씩 자연스럽게 몸에 스며들었다.

몇 달이 지난 후, 최 이사는 딸과의 관계에서 작은 변화를 경험했다.

"아빠, 오늘 교수님이 내 발표를 별로라고 했어."

예전 같으면 "별로라니? 뭐가 문제였는데?" 하고 물었을 것이다. 하지만 이번엔 달랐다.

"속상했겠다. 발표 준비 열심히 했는데."

딸은 잠시 놀란 표정을 지었다. 그리고 천천히 말을 이어갔다.

"응…. 진짜 속상했어. 근데 아빠가 그렇게 말해 주니까 좀 나아."

그날 저녁, 딸은 처음으로 아빠에게 하루 일과를 자세히 이야기했다. 최 이사는 그저 고개를 끄덕이며 들어주었다. 조언하고 싶은 마음이 올라왔지만, 꾹 참았다. 그냥 듣기만 해도 딸의 표정이 한결 편안해지는 것을 느낄 수 있었다.

감정 문맹에서 벗어나기

글을 읽고 쓰지 못하는 상태를 문맹이라고 한다. 감정에 대해 느끼고, 알아차리고, 표현하지 못하는 상태는 마치 감정 문맹과 같다. 이런 감정 문맹은 대개 감정을 '읽고 느끼는 경험'이 부족한 데서 비롯된다.

감정을 억누른 채 만들어진 관계는 겉으로만 평화롭다. 언젠가 균열이 생긴다. 진짜 감정을 만나지 않으면, 진짜 사랑도 오갈 수 없다.

최 이사는 큰 숙제 하나를 푼 듯한 느낌이 들었다고 했다. 아내와의 대화는 어려웠지만, 이제 어떻게 다가가야 하는지 알 것 같다고 했다. 그의 차분해진 눈빛에서 관계의 희망이 생겨나고 있었다.

감정 앞에서 무력했던 아이에게,

넌 감정이 무서웠지. 화난 아버지 앞에서 숨죽이며 폭풍이 지나가길 기다렸으니까. 감정은 위험한 것, 피해야 할 것이라고 배웠으니까.

하지만 이제는 알았으면 해. 감정은 적이 아니라 신호야. 들어달라는 마음의 언어야. 그 언어를 배우는 건 늦지 않았어.

"속상했겠다."라는 말 한 마디가 이렇게 어려웠던 거, 알아. 하지만 그 말이 누군가의 마음을 열어 줄 수 있다는 것도 이제 알잖아.

— 공감의 언어를 배우기 시작한 나로부터

마음의 작동 원리:
방어기제

그녀는 바빴다. 아침부터 밤까지 일정이 빼곡했다. 운동, 모임, 자기계발, 넷플릭스. 혼자 조용히 있는 시간이 거의 없었다. 친구들은 부지런하다고 했다. 그런데 정작 본인은 알고 있었다. 멈추면 무언가가 올라온다는 것을. 엄마와의 관계, 끝나 버린 연애, 커리어에 대한 불안. 생각하기 싫었다. 느끼기 싫었다. 그래서 계속 움직였다. 바쁘면 괜찮았다. 적어도 그 순간만큼은.

사람의 마음은 상처, 두려움, 불안을 그대로 마주하기 어렵다. 그래서 무의식은 자동으로 보호막을 만든다. 이것이 바로 방어기제다. 방어기제는 문제를 해결하기 위한 것은 아니다. 지금 당장 무너지지 않기 위한 마음의 응급조치다.

억압은 느끼기 힘든 감정을 무의식 깊숙이 밀어 넣는 것이다. "나는 별로 안 힘들어.", "난 그냥 괜찮아."라고 말하지만, 몸은 기

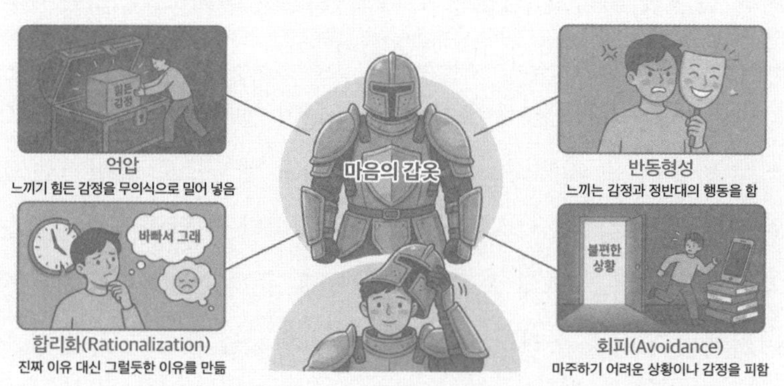

마음의 작동 원리: 방어기제

억한다. 억눌린 감정은 언젠가 분노, 불안, 혹은 신체 증상으로 돌아온다.

반동형성은 느끼는 감정과 정반대의 행동을 하는 것이다. 미워하면서 과하게 친절하고, 두려우면서 공격적으로 굴고, 관심받고 싶으면서 무심한 척한다. 겉과 속이 다른 이유는 속마음을 들키면 너무 취약해질 것 같기 때문이다.

합리화는 진짜 속마음은 따로 있는데, 그럴듯한 이유를 만들어 내는 것이다. "그 사람이 바빠서 그래."라고 말하지만 사실은 무시당해서 서운한 것이고, "내가 원래 이런 사람이야."라고 말하지만 사실은 상처받기 싫은 것이다.

회피는 마주하기 어려운 감정, 사람, 상황을 피하는 것이다. 불편한 사람을 피하고, 감정이 올라오면 딴짓을 하고, 중요한 대화를 미루고, 관계가 깊어지면 도망친다.

방어기제는 나쁜 습관이 아니다. 마음이 상처를 견디기 위해 스스로 만들어 낸 지혜다. 마음의 갑옷이다. 맨몸으로 맞서기엔 거친 세상에서, 경험으로 터득한 생존 전략이다. 적당한 방어기제는 자기를 보호하고 관계 속에서 버틸 힘을 준다. 그러나 과도한 방어기제는 우리를 소진시킨다. 관계의 진정성을 훼손하고, 자기 자신에게도 방어막을 쳐서 스스로를 낯설게 만든다.

갑옷은 전쟁터에서는 필요하지만, 사랑하는 사람 앞에서는 벗을 수 있어야 한다. 자기 자신이 왜 그런 방어기제를 사용해 왔는지 이해해야 한다. 그러면 상황에 맞게 방어기제를 활용할 수 있게 된다. 자기를 보호하면서, 있는 그대로의 모습으로 살아갈 수 있게 된다. 방어기제 뒤에 숨어 있는 진짜 감정, 일차 감정을 찾아가는 것. 그것이 변화의 시작이다.

경계를
세우는 사랑

우리는 가까운 사람의 문제를 내 문제처럼 떠안곤 한다. 특히 부모는 자녀의 일에 끝없이 개입하고, 그것이 사랑이라고 믿는다. 하지만 타인의 과제를 대신 짊어지는 것은 사랑이 아니라 경계의 부재다. 심리학자 알프레드 아들러는 '과제 분리'라는 개념을 제시했다. 이는 '누구의 과제인가?'를 명확히 구분하여, 타인의 과제에 개입하지 않고 자신의 과제에 집중하는 것이다.

그러나 관계에서 과제를 분리한다는 것은 말처럼 쉬운 일이 아니다. '미안함', '죄책감', '원망을 들을 것 같은 두려움', '차가운 사람으로 보일 것 같은 불안' 같은 감정이 경계를 흐리고, 과제 분리를 어렵게 만든다. 그래서 마음 한편으로는 '이건 저 사람의 일'이라고 알면서도, 마음은 여전히 타인의 문제를 끌어안게 된다.

"오늘 비 오는데?"

고등학교 1학년 아들의 한 마디에 미선 씨의 속이 확 뒤집혔다. 비가 부슬부슬 내리는 날, 씻지도 않고 누운 채 던진 그 말 속에는 '엄마가 알아서 태워 줘'라는 무언의 기대가 담겨 있었다.

미선 씨는 요즘 아들과의 관계에서 부쩍 피로감을 느끼고 있었다. 특히 아침마다 반복되는 등교 갈등은 그녀의 하루를 시작부터 지치게 만들었다. 평소 자전거를 타고 가는 아들이 비 오는 날에도 같은 시간에 일어나 허둥대는 모습은 엄마 입장에서 이해하기 어려웠다. 결국 늦게 나서면 그녀가 차로 태워 주는 수밖에 없었고, 그 수고는 어느 순간부터 당연하게 여겨지는 듯했다.

예전에는 잔소리를 하면서도, 기어코 태워다 주며 아들의 등교를 책임졌던 그녀였다. 하지만 최근엔 생각이 달라졌다. '내 일도 아닌데, 왜 나만 안달이지?' 하는 의문이 자주 들었다. 자신만 신경을 쓰는 것 같아 부당했고, 고마워하지도 않는 아들의 태도가 괘씸했다.

아들은 태워 달라는 말을 직접 하진 않았다. 단지 "비가 온다."고 운을 띄우고 나선 '엄마가 알아서 해 주길' 기다렸다. 그런데 아이의 모호한 표현이 그녀 안에 남아 있던 오래된 상처를 건드렸다.

그건 내 몫이 아니야

미선 씨는 등교가 '엄마의 일'이 아닌 '아들의 일'이라는 점을 분명히 하기 시작했다. 바로 '과제 분리'였다.

“지각을 하면 안 되지. 하지만 제시간에 등교하는 것은 아들의 일이야.”

이런 결단을 행동으로 옮기는 것은 쉬운 일이 아니었다. 엄마라는 역할은 언제나 모든 책임을 떠안는 위치에 있었다. 아이가 힘들어하면 미안함이 몰려왔고, 거절하면 자칫 '차가운 엄마'가 되는 것 같아 죄책감이 따라붙었다. 하지만 지금은 달랐다. 미선 씨는 스스로에게 물었다.

'내가 해 줄 수 있는 것과, 해 줄 수 없는 것이 뭐지?'

'그것을 구분하는 기준이 뭐지?'

'해 주지 않는다고 해서, 내가 정말 나쁜 엄마일까?'

나는 다 해 줬는데, 너는 왜 나를 몰라주니?

아들은 엄마의 보살핌을 여전히 당연하게 여기고 있었다. 자신이 책임져야 할 몫을 미루는 데 익숙해져 있었다. 그러나 그것은 단순히 게으름의 문제가 아니었다.

미선 씨는 그런 아들이 생각 없다고 여겼다. 책임감 없는 아들이 답답하고 한심했다. 동시에 자신이 그동안 아들의 요구를 너무 많이 들어줬다고 생각했다. 한계를 주지 않고 무한정 다 들어준 훈육방식이 후회됐다. 그리고 그녀는 자신이 왜 그렇게 민감하게 반응하는지도 돌아보게 되었다.

“혹시 내가 아들에게, 어린 시절 받지 못했던 것을 기대하고 있었던 건 아닐까?"

어린 시절, 그녀는 돌봄을 제대로 받지 못했던 외로운 아이였다. 기댈 곳이 없었던 기억, 채워지지 않은 결핍이 종종 그녀 안에서 살아나곤 했다. 그래서 그녀는 누구보다 좋은 엄마가 되려고 애썼다. 자기의 상처를 아들이 겪게 하지 않기 위해 헌신했다. 그러나 어느 순간 아들을 통해 자기가 받지 못했던 결핍을 채우려 했다는 것을 깨달았다.

고마움을 모르고 당연히 여기는 아들의 태도는, 마치 과거 부모에게 받지 못했던 사랑을 또 한 번 거부당하는 것처럼 느껴졌고, 그 상처가 분노로 이어졌다.

"나는 너를 위해 다 해 줬는데, 너는 왜 나를 몰라주니?"

그 감정은 사실 아들이 아닌, 과거에서 비롯된 것이었다. 부모에게서 받지 못한 인정과 사랑을 아들에게 받고자 했던 것이었다. 그 결핍이 참기 힘든 분노를 일으키고 있었다.

부모는 줄 수 있는 사랑을 다 주었다

미선 씨는 자신의 분노와 억울함, 그리고 죄책감이 모두 여기에 얽혀 있다는 사실을 마주하게 되었다. 그리고 이해하게 되었다. 자신의 부모도 완전하지 않았고, 당신들 역시 상처와 한계를 안고 힘들게 살아 낸 존재였음을.

"부모는 부모가 줄 수 있는 모든 것을 다 주었을지도 모른다."

하지만 그녀는 부모가 해 준 것은 기억하지 못한 채, 받지 못한 기억만 마음에 남겨두고 있었다. 그 깨달음은 그녀의 내면 깊은 곳을 울렸다.

부모를 원망하는 마음은 때로 내 삶 전체를 부정하는 방향으로 흘러간다. 내 존재의 근원은 부모이기 때문이다. 그래서 부모를 부정하는 것은 자기 존재를 부정하는 것일 수도 있다. 반면 부모를 있는 그대로 인정하는 것은 곧 자신을 있는 그대로 받아들이는 일이기도 하다. 미선 씨는 부모의 부족함을 수용하면서, 동시에 자신도 온전히 받아들이기 시작했다.

그래서 네 생각은 뭐야?

미선 씨는 더 이상 아들을 대신해서 '무한 책임'을 지고 싶지 않았다. 아들이 자신의 문제를 책임지도록, 엄마는 스스로를 돌보며 경계를 세우기로 했다. 그것은 '냉정함'이 아니라, 건강한 '정서적 독립'이었다.

"해 줄 수 있으면 해 주고, 해 주기 싫으면 하지 않아도 되는 거야. 그게 나쁜 엄마라는 뜻은 아니잖아."

이제 그녀는 아들의 말 속에 숨은 요청을 감지하면서도 그 책임을 떠맡지 않는다.

"비 온다며?"라는 말에, 웃으며 되묻는다.

"응, 그래서 네 생각은 뭐야? 일찍 나갈 거야? 아니면 지각할 거야?”

진짜 돌봄은, 상대를 위해 맹목적으로 헌신하는 것이 아니라, 내가 나 자신에게 정직할 수 있는 데서 시작된다. 그것이 자녀와의 관계에서, 나를 지키며 건강한 부모로 서는 길이다.

‘이건 누구의 과제인가?’

그 질문 하나가 무너진 경계를 다시 세워주고 있었다.

혹시 당신도 누군가의 과제를 대신 짊어지고 있지는 않은가?

그것이 정말 ‘사랑’인가, 아니면 ‘경계의 부재’인가?

당신이 대신해 주지 않아도, 당신은 여전히 ‘좋은 사람’일 수 있다.

말하지 못한
피드백

표현되지 않은 기대는 언제나 실망으로 되돌아온다.
— 하인츠 코헛

"이리 줘요. 그냥 내가 다시 할게요."

최 팀장은 퉁명스레 말하며 팀원이 만든 자료를 건네받았다. 표정은 건조했고, 말투는 짧았다. 팀원은 아무 말없이 물러섰다. 그날 그는 어떤 피드백도 하지 않았다. 대신, 밤 늦게까지 혼자 앉아 자료를 다시 정리했다. 자신이 원하는 방식대로. 더 깔끔하게, 더 정제된 문장으로, 핵심이 드러나게.

그러면서도 마음 한편은 복잡했다. '왜 이 정도도 못 하지?' 보고서의 품질은 물론, 준비한 팀원의 태도까지 마음에 들지 않았다. 무엇보다 실망스러웠던 건, 노력의 흔적이 보이지 않는다는 느낌이었다. 기대했는데 돌아온 건 '대충 한 것 같은 결과물'. 그 실망감은 '차라리 내가 하는 게 낫다'는 결론으로 이어졌다. 혼자가 더 편했고, 일이 더 빨랐다.

그는 중견기업 신규사업팀의 팀장이었다. 일에 있어서는 철저했고, 성과도 우수했다. 하지만 팀원과의 관계는 달랐다. 직장 내 관계는 풀기 어려운 시험문제 같았다. 손에 잡히지 않는 막막함이 그의 마음 한편을 답답하게 했다.

"딱히 뭐라고 한 것도 없어요. 그런데 애들이 저를 무서워해요."

그는 실제로 말수가 많지 않았다. 피드백은 간결했고, 표정은 담담했다. 아니, 너무 담담해서 오해를 부르기 쉬웠다. 짧은 말, 무표정한 얼굴, 말없이 드러나는 실망감. 그것이 팀원들에게는 '차갑고 까다로운 팀장'으로 각인되고 있었다.

"말을 하면 괜히 구차해지는 느낌이 들어요. 말 안 해도 다 알 텐데, 굳이 말을 해야 하나 싶고…."

"그냥 혼자 하는 게 편해요."

그의 말 뒤엔 오래된 익숙함과 체념이 숨어 있었다.

말해 봤자 소용없던 아이

그는 장남이었다. 겉으로는 공부 잘하는 '잘난 아들'로 보였지만, 가족 내 실질적인 중심은 어머니와 누나였다. 자신을 아껴 준 아버지는 집안에서 힘이 없었다. 감정 표현은 허락되지 않았다. 기분 나쁜 일이 있어도 서운하다고 말할 수 없었고, 화나 실망감을 드러내는 건 상상조차 할 수 없었다.

언젠가 동생에게만 자전거를 사 준 일이 있었다. 자기도 갖고 싶었지만 말을 할 수 없었다. 왠지 자존심이 상했다. 괜히 초라해지는 것 같았다. '나도 자전거 갖고 싶다'는 말이 구차하게 느껴졌다.

그는 서운함도, 섭섭함도, 인정받고 싶은 마음도 꾹 눌렀다. 대신 공부에 몰두했다. 선생님에게 칭찬받는 일이 유일한 인정의 통로였다. 성적이 오를수록 "잘했다."는 말이 들렸고, 그 말이 그렇게 좋았다고 했다. 나중에야 깨달았다. 그건 공부가 좋아서가 아니라, 존재를 인정받는 기분이 좋아서였다는 것을.

어린 시절 충분한 인정을 받지 못한 아이는 '증명해야만 사랑받는다'는 믿음을 깊게 새기며 자란다. 이 신념은 성인이 된 뒤에도 관계의 기본 전제로 작동한다. 자신에게도, 타인에게도 끝없이 기준을 들이댄다. 기대에 미치지 못했다는 실망은 곧 존재 자체에 대한 판단으로 이어진다. 엘리스 밀러는 이것을 '사랑받기 위한 거짓 자아'라 불렀다. 사랑을 얻기 위해 본래의 나를 숨기고, 성취와 순응으로 관계를 유지하려 했던 아이의 비극이라고 했다.

그는 업무에 최선을 다했고, 기대 이상의 성과를 내며 인정받는 조직 구성원으로 성장했다. 자연스럽게 팀장 직위에 오르며 팀의 성과를 책임지는 역할을 부여받았다. 이제 그는 자기 믿음을 기준으로 팀원들을 재단하기 시작했다. 팀원이 기대에 못 미치면, 단순히 업무 능력이 부족한 게 아니라, 그 사람 자체가 부족한 것처럼 느껴졌다. 실망은 사람에 대한 판단으로 바뀌었고, 그 판단은 짧은 말과 차가운 눈빛으로 전달되었다.

그는 피드백이 어렵다고 했다. 실망한 감정을 표현하는 것, 왜 실망했는지를 설명하는 것은 더 어려웠다. 업무에 대한 기대사항을 미리 말하는 것조차, 마치 상대에게 부탁하는 것처럼 느껴졌다. "인생은 혼자야."라는 말을 가슴에 품고, 모든 것을 스스로 알아서 해 온 그에게, 부탁은 곧 자존심이 깎이는 일이었다.

작은 질문이 만든 변화

기대를 말하지 않는 사람은 대개 두 가지 두려움을 갖고 있다. 하나는 거절당할까 봐, 다른 하나는 약해 보일까 봐. '말하지 않아도 알아야 한다'는 기대 뒤에는 '내가 먼저 요청하면 지는 것 같다'는 두려움이 숨어 있기도 하다. 하지만 말하지 않은 기대는 상대에게 전달되지 않는다. 전달되지 않은 기대는 좌절되고, 좌절된 기대는 원망이 된다.

그러던 어느 날, 업무 지시를 받던 신입 팀원이 망설이다가 조심스럽게 말했다.

"팀장님, 제가 뭘 어떻게 하라고 하시는 건지 잘 모르겠어요. 혹시 조금만 설명해 주실 수 있을까요?"

그 순간, 그는 멈칫했다. 무례하지 않으면서도 담담하게 묻는 그 눈빛. 기죽지 않고 말을 건넨 용기가, 오히려 대견하고 신선하게 느껴졌다. 예전 같았으면 '이걸 내가 굳이 설명해야 하나?' 싶은 상황이었지만, 이번에는 달랐다.

"비슷한 자료인데, 이렇게 구성하면 핵심이 더 잘 보일 거야. 내가 예시로 한번 정리해 봤어. 이 방향으로 가면 좋을 것 같아.”

그는 데이터를 바라보는 관점, 메시지를 구성하는 방식, 보고서의 방향성을 함께 짚어 주었다. 며칠 뒤, 팀원은 자신만의 언어로 다시 정리한 자료를 가져왔다.

그는 생각했다.

‘이게 피드백이구나. 단지 결과를 평가하는 게 아니라, 무엇을, 왜, 어떻게 해야 하는지를 명확히 말해 주는 것. 당연하다고 여기는 것도 말하지 않으면 상대는 모를 수 있다는 것.’

후배 안에서 본 그림자

그는 한 후배 직원과 관계가 매우 껄끄러웠다고 했다. 인사도 없이 퇴근하고, 팀 공통 과제는 회피하고, 상위 임원에게만 잘 보이려는 처세가 눈에 거슬렸다. 실력이 부족하다고 느꼈다. 성과 자체를 인정하고 싶지 않았다.

그런데 가만히 들여다보니, 그 감정은 단순한 반감이 아니었다. 그는 후배 안에서, 어릴 적 자전거를 독차지했던 동생의 그림자를 보고 있었다. 아버지는 자신을 장남으로 인정했지만, 집안의 중심은 아니었다. 어머니와 누나 사이에서 그는 눌려 지냈고, 표현되지 못한 좌절과 서운함은 그대로 남아 있었다.

후배를 향한 얄밉고 인정하고 싶지 않은 감정은, 과거 동생에게 느꼈던 감정의 재현이었다. 그걸 알게 된 순간, 마음속 굳은살이 살짝 벗겨져 나가는 느낌이 들었다. '그 친구도 나름 애썼겠지.'라는 생각이 들었고, 관계의 얼음장이 조금씩 녹아내리는 걸 느꼈다.

어느 날, 그는 담담하게 말했다.

"예전엔 팀원이 뭘 해 오면, '됐어, 이리 내.'라고 했어요. 그런데 이제는 그 말이 무슨 의미였는지 알겠어요. 그건 사실 '네가 이걸 잘했으면 좋겠고, 나도 함께 좋은 결과를 만들고 싶다.'는 마음이었더라고요. 이제 그 마음을 스스로 표현할 수 있게 된 것, 그게 제일 큰 변화예요."

이제 그는, 그 말을 어렵지 않게 꺼내는 사람이 되어가고 있었다.

감정을 듣지 못하는 마음

귀로 듣지 말고, 마음으로 들어라.
— 장자

주말 오후, 시험을 앞둔 큰아들은 자기 방에서 조용히 공부를 하고 있었다. 미진 씨는 아이가 또 스마트폰을 보며 집중하지 못할까 봐 걱정이 되었다. 문을 살짝 열고 말했다.

"너 다시 폰 보는 거 아니지? 이번엔 제대로 좀 하자. 제발 엄마 속 좀 썩이지 말고."

그 말에 아들이 갑자기 고개를 획 들었다. 그리고 차갑게 한 마디를 내뱉었다.

"엄마, 진짜 너무해. 내가 알아서 한다고 했잖아."

미진 씨는 그 순간, 심장이 쿵 내려앉았다고 했다. 화는 나는데, 뭐라고 받아쳐야 할지 모르는 복합적인 감정이 한꺼번에 올라왔다. 그녀는 속으로 되뇌었다.

'쟤가 왜 저렇게 말을 하지? 엄마한테 어떻게 저렇게 말해?'

겉으로는 태연한 척했지만, 그녀의 마음속에선 이미 작은 폭풍이 일고 있었다.

그날의 상황은 별것 아닌 듯 보였다. 작은 오해였다. 자기를 믿어 주지 않는다고 느낀 아들의 불만이었다. 하지만 미진 씨는 그 말이 그렇게 서운하고 서러웠다. 그 순간, 그 말이 자신을 비난하는 것처럼 느껴졌다. 엄마가 잘못했다고 나무라는 것 같았다. 아들에게 혼나는 자신의 처지가 한심했다.

감히 그런 말을 해?

처음엔 아들이 문제라고 여겼다. 말투가 버릇없고, 엄마를 무시한다고 생각했다. 하지만 마음을 들여다보니, 다른 문제가 보였다. 진짜 문제는 아들의 말이 아니었다. '그 말이 자신에게 어떻게 들리는가'였다.

미진 씨의 내면엔 '감히 어떻게 그런 말을 해?'라는 문장이 있었다. 아주 오래전, 어릴 적에 각인된 가족 규칙이었다. 그녀가 자란 환경에서는 불만이나 서운함, 특히 '반항'은 허락되지 않았다. '참아야 해.', '불만을 드러내는 건 못된 거야.', '부모님의 말씀을 잘 들어야 해.' 이런 말들이 조용히, 그러나 강력하게 그녀의 감정을 통제해 왔다.

경청은 기술보다 마음이다

미진 씨는 평소 상대의 말을 잘 들으려 애썼다. 상대의 말에 귀 기울이는 것은 인간관계의 기본이라고 믿고 있었다. 그런데도 어떤 말은 잘 들리지가 않았다. 상대가 한 말을 전혀 다르게 받아들이는 순간들이 있었다.

미진 씨는 자신이 듣고 싶은 말은 잘 듣는다고 했다. 그런데 듣기 싫은 말, 감정을 자극하는 말은, 듣는 순간 마음이 먼저 반응해 버린다고 했다. '그건 네가 잘못한 거잖아.'라고 속으로 외치며, 이미 강한 판단이 작용하고 있었다.

아들의 말이 그녀를 아프게 한 건, 그 말이 틀렸기 때문이 아니라, 그 말을 들을 준비가 되어 있지 않았기 때문이었다. 그 말을 듣는 순간, 그녀의 내면에서는 수치심, 억울함, 방어본능이 한꺼번에 올라왔기 때문이었다.

어릴 적 미진 씨의 아버지는 무척이나 가부장적이었다. 화를 잘 내고, 말수가 적었다. 어머니는 아버지의 말을 거스르지 못했다. 그녀에게 아버지는 무서운 사람으로 기억되고 있었다. 그 안에서 그녀는 조용히 순응하며 자랐다. 집안의 분위기를 흐리는 말이나 행동은 조금도 허용되지 않았다. 어느 날, 작은오빠가 성적 문제로 아버지와 심하게 다퉜다. 그 일로 집안의 분위기는 한동안 얼어붙었고, 그 사건은 그녀의 마음속에 깊이 각인되었다.

그때 그녀는 배웠다고 했다. '속상해도 절대 말하지 말자. 말하

면 일이 커진다.'

그런 그녀에게, 아들의 말은 단순한 감정 표현이 아니었다. 그녀의 내면에서 '가족의 질서를 흔드는 위험한 도발'로 해석된 것이었다.

내면의 아이를 만나다

"아들의 말을 들을 때, 당신은 누구였나요?"

그 순간 미진 씨는 떠올렸다. 자신은 엄마도, 어른도 아니었다. 작은 여자아이였다. 아버지의 눈치를 보고, 오빠가 아버지에게 맞아 큰일날지도 모른다고 벌벌 떨며 무서워하던, 조용히 식탁 모서리를 만지작거리던 작은 아이.

그 아이는 말하고 싶었지만, 말할 수 없었다. 감정을 터트리고 싶었지만, 허락되지 않았다.

그래서 지금, 아들의 말은 그녀에게 자신이 부모에게 하지 못했던 말을 쉽게 한다는 부러움과 함께, 권위가 도전받았다는 분노와 억울함을 일으켰다.

자기 내면의 감정을 먼저 들어주기

우리는 자기를 대하는 방식으로 상대를 대한다. 자기 마음을 만나는 방식으로 상대의 마음을 만난다. 자기 안에서 받아들여지지 못한 감정은 타인에게서도 받아들일 수 없게 된다. 아들이 엄마에게 화를 내는 것이 잘한 것은 아니다. 그러나 아들이 자기 감정을 더 성숙하게 다루게 하려면, 먼저 감정을 들어줄 수 있어야 한다. 자기 마음이 이해받았다고 느끼면, 마음은 한결 유연해진다. 상황을 합리적으로 해석하고, 보다 성숙한 태도로 반응하게 된다.

오랜 세월 억눌러 왔던 감정, 표현하지 못한 욕구, 이해받고 싶었던 마음. 그 마음을 한동안 쏟아내고 나서야 미진 씨는 한숨을 쉬며 눈빛이 순해졌다. 그녀의 마음에 작은 공간이 생겼다. 아들의 마음을 들어줄 수 있는 여백이 생겼다.

"그랬구나. 그때 엄마가 너를 믿지 못하는 것 같아서, 속상했구나. 엄마가 미안해."

이 말이 이렇게 어려울 줄 몰랐다고 했다. 하지만 그 말을 꺼냈을 때, 아들의 눈빛이 편안해지는 것을 느꼈다. 그 안에는 안도와 편안함이 있었다. 아들은 단지, 자기 마음을 이해받고 싶었던 것이었다.

듣는다는 것의 의미

가족은 가장 익숙한 공간이면서도, 가장 원초적인 감정 구조가 반복되는 무대다. 그 안에서 억압된 감정은 관계의 언어로 다시 등장한다.

'감히 어떻게 그런 말을 해?'라는 문장 안에는 '나는 그런 말 한

번 제대로 못 해 봤어.'라는 억눌린 좌절이 담겨 있었다. '나도 그런 것도 다 참으며 살아왔어.'라는 억울함이 있었다. 자기 내면의 좌절을 알아차리고 이해할 때, 타인의 좌절을 들을 수 있는 마음이 열린다.

불만은 결코 나쁜 것이 아니다. 그것은 사랑받고 싶다는 마음의 언어다. 다시 연결되고 싶다는 간절한 소망일 수 있다.

아들의 투정과 불만을 들을 수 있다는 것. 그것은 그녀 안의 억눌린 감정도 들을 수 있게 되었다는 뜻이었다. 경청은 내면의 문을 여는 일이다. 그 문이 열릴 때, 관계도 다시 열린다.

누군가의 말이 유독 듣기 어려울 때, 그 말이 정말 문제일까?

아니면, 그 말이 내 안의 오래된 상처를 건드리고 있는 것은 아닐까?

내가 받아들이지 못하는 감정은 무엇인가?

대화가 어려운
진짜 이유

"그냥…. 대화가 안 돼요. 서로 말만 하면 결국 싸움이 되니까
요."

재민 씨는 말끝을 흐리며 고개를 저었다. 50대 중반, 중견기업
부장으로 일하는 그는 아내와의 관계뿐 아니라 자녀, 심지어 친구
들과의 사소한 대화까지 자꾸 불편해진다고 했다. 대화가 깊어지
지 않고, 피하거나 싸우거나 둘 중 하나로 끝나는 관계들. 그는 이
런 갈등의 반복이 피로하다고 했다.

며칠 전에도 아내와의 대화는 결국 감정 싸움으로 번졌다. 주
말에 가족 나들이를 갈지, 각자 시간을 보낼지를 이야기하다 말이
꼬였다.

"당신은 맨날 자기 하고 싶은 말만 하고, 나랑은 대화를 안 해."

그 말에 욱하는 마음이 올라왔다. 재민 씨는 받아쳤다.

“아니, 나도 얘기하고 있잖아. 왜 자꾸 나를 말 안 통하는 사람처럼 몰아가?”

순식간에 분위기가 싸늘해졌고, 결국 대화는 멈춰 버렸다. 답답했다. 분명 잘 이야기해 보려고 했고, 해결을 위해 제안도 했다. 감정을 억누르며 신중하게 말을 골랐는데, 돌아온 것은 여전히 비난뿐이었다.

그는 억울하고 화가 났다. 틀린 말을 한 것이 아닌데, 자기 말을 무시하는 것 같았다. 아내가 반박하면 마치 자기가 잘못한 사람이 된 것 같다고 했다.

반대가 부정으로 들리는 이유

재민 씨의 말 속에는 강한 동일시가 숨어 있었다. 동일시는 자기가 아닌 무언가를 자신과 같다고 여기는 마음이다. 그는 ‘자신의 생각’을 ‘자기 자신’과 동일시하고 있었다. 그러니 누군가 자기 생각을 반박하는 건 곧 자기 존재 자체가 부정당하는 것처럼 느껴졌다. 감정은 당연히 격해졌다.

그는 친구들과 대화할 때도 그런 느낌을 받는다고 했다. 이런저런 대화를 나누다가도 논쟁으로 번지면 싸우는 일이 잦았다. 자신을 틀린 사람, 무식한 사람으로 여기는 친구의 말에 화가 났다. 나를 몰라주는 것 같은 기분, 가슴이 꽉 막히며 무시당하는 기분이 들었다. 자신이 작아지는 것 같았다.

우리는 말을 할 때, '내 생각이 맞다'는 걸 증명하려 할 때가 있다. 그러면, 반대 의견이 단순히 다른 생각이 아니게 된다. 마치 내 존재 자체에 대한 부정처럼 다가온다. 그는 자기 의견에 대해 다른 말을 하면, 자신이 틀린 사람이라고 비난하는 것처럼 느껴진다고 했다.

생각은 내가 아니다

"대화를 하면, 내가 지면 안 될 것 같은 마음이 들어요. 그러다 보니 대화가 아니라 신경전이 되는 것 같아요."

"지금 올라오는 생각은 그냥 '내 안에서 일어난 하나의 현상'일 뿐이에요. 생각은 내 안에서 일어나지만, 내가 아닐 수도 있어요."

재민 씨는 잠시 멈췄다. 그리고 한참을 생각한 뒤 물었다.

"그게… 생각이 내가 아니라고요? 그럼, 나는 누구죠?"

"당신은 그 생각을 '알아차리는 존재'예요. 생각은 흐르고, 바뀌고, 산만합니다. 그러나 알아차림은 그대로 있어요. 당신의 본질은 그 알아차림에 더 가까워요."

재민 씨는 고개를 끄덕였다. 생소하지만 왠지 납득이 되는 것 같다고 했다. 나는 그에게 마음에서 일어나는 생각에 대해 질문하는 방법을 알려 줬다.

"내가 지금 느끼는 이 감정에는 어떤 생각이 붙어 있을까?"

그는 돌아보았다. 가족들과의 대화에서 자신이 가장 민감하게 반응했던 건 늘 '틀렸다'는 뉘앙스가 담긴 말이었다. 그리고 그 말은 항상 '자신이 부정당했다'는 느낌으로 이어졌다. 그는 자신의 생각과 감정이 진실이라고 믿고 있었다. 그러나 그것은 오랫동안 반복되어온 습관과 같았다. 아침에 일어나면 자동으로 양치질을 하듯, 내 생각에 다른 의견을 제시하면 자동으로 기분이 상했다. 그것이 나를 부정한다는 생각이 있었기 때문이었다.

멈춤이 만든 변화

"요즘은 아내랑 대화하다가 감정이 올라오면 잠깐 멈춰요. 예전 같으면 바로 받아쳤을 텐데, '지금 화가 난 건 이 말 때문인가, 아니면 내가 틀렸다는 생각 때문인가?' 이렇게 스스로에게 물어요. 그러면 신기하게 감정이 한결 편해져요."

간단한 질문 하나가 감정을 나라고 여기는 동일시에 틈을 만들어 준다. 생각을 진실이라고 여기고, 그 생각에 자동으로 반응하는 충동을 멈추게 한다. 마음에 여유가 생기며 상황을 좀 더 유연하게 대할 수 있는 지성이 작동한다.

하루는 아들과 대화하던 중 연습한 것을 시도해 봤다. 대학생 아들이 진로를 두고 "아빠 세대는 너무 결과만 보잖아요."라고 말했을 때, 순간 화가 치밀었다.

"그럼 난 틀린 사람이냐?"

그 말이 목구멍까지 올라왔다. 하지만 재민 씨는 잠깐 멈췄다.

그리고 조용히 말했다.

"넌 그렇게 느끼는구나. 아빠는 결과가 물론 중요하지만, 과정도 중요하다고 생각해."

그 짧은 멈춤이 대화의 공기를 바꿨다. 아들은 처음으로 고개를 끄덕였고, 둘은 오랜만에 진짜 대화를 나눌 수 있었다.

대화는 증명이 아니라 연결이다

재민 씨는 대화를 점점 '내가 맞다는 것을 증명하는 자리'가 아니라, '서로의 마음을 살펴보는 자리'로 만들어가기 시작했다. 그렇게 되자 대화에 활력이 생겼다. 갈등이 눈에 띄게 줄어들었다.

"이제는 상대가 반대 의견을 말해도, '그럴 수도 있지.' 하고 생각해요. 꼭 동의해서가 아니라, 나와 다른 생각도 있을 수 있다는 걸 조금씩 받아들이는 거죠."

내 생각이 곧 나라고 믿을 때, 우리는 쉽게 상처받고 쉽게 싸운다. 하지만 생각은 내가 아니다. 생각을 생각으로 알아차릴 때, 대화는 신경전이 아니라 즐거움이 된다. 서로의 다름을 연결해 주는 다리가 된다. 자기를 증명하기 위한 싸움이, 서로를 이해하는 소통으로 바뀐다.

> **대화에서 감정이 올라올 때**

• **잠깐 멈추기**: 반응하기 전에 한 호흡 쉬기

- **분리하기**: "이건 내 '생각'이지, '나' 자체가 아니야."
- **질문 바꾸기**: "상대가 왜 저런 말을 할까?"로 관점 전환
- **인정하기**: "넌 그렇게 느끼는구나"—동의가 아닌, 이해의 표현

마음을 움직이는 소통법

"솔직히, 실망을 감출 수가 없어요."

최 본부장은 담담한 목소리로 말했다. 본부장으로서 프로그램 개발 프로젝트를 성공적으로 이끌며, 전략과 실행력에서 단연 돋보이는 리더였다. 누구보다 일에 진심이었고, 팀의 성과에 책임감을 느꼈다.

"기대한 만큼 결과가 안 나왔을 때… 그게 얼굴에 다 드러나 버려요. 잘하면 잘했다고 하고, 못하면 못했다고 말해요. 그게 솔직한 거잖아요."

그는 사람을 탓하지 않았다. 단지 기준에 미치지 못했을 뿐이었다. 기대치가 있는데 그걸 못 넘으면 피드백해야 한다고 생각했다. 결과는 냉정하니까. 그게 팀을 위한 일이라고 믿었다.

하지만 팀원들에게 받은 피드백 결과는 충격적이었다.

“차갑다.”, “인정해 주지 않는다.”, “맞는 말을 하지만, 본인만 생각하는 것 같다.”

최 본부장은 혼란스러웠다. 억울하기도 했다. 무엇보다 지쳐 있었다.

“나는 그냥 잘하라고 한 말인데…. 그런데 왜 그게 상처가 되는 걸까요?”

그의 눈빛에는 진심 어린 당혹감이 담겨 있었다. 자신의 말이 팀원들의 마음에 어떻게 닿고 있는지를 모르고 있었다.

마음이 빠진 말은 칼이 된다

최 본부장은 일의 결과와 품질을 언제나 최우선으로 생각했다. 대화의 목적은 분명했다. 속도와 효율. 그래서 그는 가능한 한 사실 중심으로 정보를 주고받고 싶었다. 불필요한 감정은 배제했고, 말의 의도는 굳이 설명하지 않았다. 당연히 팀원들도 그 마음을 알고 있을 거라 믿었다. 그게 아니라면, 왜 이 소중한 시간과 에너지를 함께 쓰고 있겠는가.

“이게 뭐지?”, “내가 말한 건 이게 아닌데?”, “다시 해 와.”

표현은 명확했지만, 마음은 빠져 있었다.

마음이 빠진 사실은 언제든 칼이 될 수 있다. 의도가 아무리 좋아도, 감정이 담기지 않은 말은 상대방에게 공격으로 느껴진다. 특히 조직에서 리더의 말은 무게가 다르다. 리더가 무심코 던진

한 마디가 팀원의 하루를, 때로는 자존감 전체를 흔들어 놓기도
한다. 최 본부장의 말은 팀원들의 심장을 날카롭게 베고 있었다.
하지만 그는 그 사실을 알지 못했다.

세 가지 질문

나는 그에게 말을 하기 전에 세 가지를 점검해 보자고 제안했다.

첫째, 정보-어떤 사실을 전달할 것인가?
둘째, 감정-그 사실에 대해 나는 어떤 감정을 느끼는가?
셋째, 의도-나는 왜 이 말을 하는가? 무엇을 바라는가?

최 본부장은 처음엔 어색해했다. 익숙하지 않았고, 부자연스럽
다고 느꼈다. 감정을 말로 표현하는 것 자체가 오랫동안 금기처럼
여겨져 왔으니까. 하지만 연습이 쌓이자, 조금씩 다르게 말하기
시작했다.

"내가 기대했던 결과에 비해 아쉬움이 있어. 하지만 네가 많이
노력한 건 알아. 나는 우리가 더 좋은 결과를 함께 만들 수 있을
거라고 믿어서, 이 이야기를 하는 거야. 넌, 어떻게 생각해?"

처음으로, 그의 말에 팀원의 굳었던 표정이 스르르 풀렸다.

같은 내용이라도 감정과 의도를 함께 전달하면 상대방의 반응
은 달라진다. '왜 이 말을 하는지'를 알면, 비판도 공격이 아닌 관

심으로 느껴질 수 있다. 피드백의 핵심은 내용이 아니라 맥락이다. 그리고 그 맥락은 감정과 의도가 만들어 낸다.

말하는 리더에서 듣는 리더로

최 본부장은 이후 팀원들과 1:1 미팅을 정기적으로 시작했다. 초반에는 여전히 그가 말이 많았다. 지시하고, 설명하고, 방향을 제시했다. 그러다 코칭에서 배운 대화법을 시도하면서, 그의 말 속에 점점 질문이 늘기 시작했다.

"책임감 있다고 했지? 어떤 상황에서 그게 드러났어?", "그 일은 너한테 어떤 의미였어?", "다시 한다면, 뭘 바꾸고 싶어?"

무심했던 피드백은 대화가 되었고, 대화 속에 신뢰가 흘렀다.

"내가 말하면 침묵하거나 방어하던 팀원이, 요즘은 먼저 얘기하더라고요."

물론 모든 순간이 여유롭지는 않았다. 급한 회의나 예기치 않은 상황에서는, 여전히 날 선 말이 먼저 튀어나왔다. 그럴 땐 스스로를 자책하기도 했다. 하지만 이제 그는 수습하는 법을 알았다.

"지금은 급한 상황이라, 제가 정리하면서 이끌겠습니다. 혹시 불편해도 양해 부탁드립니다."

그리고 일이 끝난 뒤, 반드시 이렇게 덧붙였다.

"오늘 도와줘서 고마워요. 덕분에 잘 마무리됐습니다."

과거에는 상사의 말을 해석하고 맥락을 읽는 것이 부하의 역할이었다. 하지만 지금은 다르다. 리더가 먼저 감정과 의도, 그리고 감사를 명확하게 표현해야 한다. 맥락을 생략한 리더의 말은 더 이상 권위가 아니라, 단절의 신호로 받아들여진다.

진정성은 부드러움이 아니다

"예전에는 말을 아끼는 게 프로라고 생각했어요. 감정을 섞지 말고, 팩트만 말하는 게 효율적이라고요. 근데 이제는 알겠어요. 팩트만으로는 사람이 움직이지 않는다는 걸."

그는 요즘도 거울 앞에서 말하기 연습을 한다고 했다. 감정을 숨기지 않고, 의도를 말하고, 기준을 세우되 마음을 담는 말. 어색하지만, 조금씩 익숙해지고 있었다.

리더의 말은 방향을 제시하는 동시에 관계를 만든다. 기준이 명확해도 마음이 닿지 않으면, 팀원은 따르지 않는다. 지시는 할 수 있지만, 헌신은 이끌어 낼 수 없다.

최 본부장은 오늘, '효율'이라는 이름으로 감춰왔던 마음을 꺼내 보았다. 서툴지만 진심을 담아 말하기 시작했다.

그 순간, 그의 소통은 정보 전달에서 공감대 형성으로 바뀌고 있었다.

진정성은 부드럽지 않아도 괜찮다. 하지만 진심이 담겨 있다면, 사람은 결국 마음으로 듣는다. 그 마음이 닿을 때, 리더의 말은 비로소 사람을 움직이는 힘이 된다.

관계 속에서 성장하기

이번 주, 관계를 거울삼아 나를 발견해 보세요.

① 관계 지도 그리기

지금 내 삶에서 중요한 관계 세 가지를 떠올려 보세요. 각 관계에서 나는 어떤
역할을 맡고 있나요?

관계 1: .... → 나의 역할: ....

관계 2: .... → 나의 역할: ....

관계 3: .... → 나의 역할: ....

② 관계 속 감정 패턴 살피기

특정 관계에서 반복적으로 느끼는 감정이 있나요?

- ☐ 인정받고 싶은 마음
- ☐ 버림받을까 봐 불안한 마음
- ☐ 통제하고 싶은 마음
- ☐ 책임져야 한다는 부담감
- ☐ 무시당한다는 느낌

③ 표현하지 못한 말 찾기

관계에서 하고 싶었지만 하지 못한 말이 있나요? 그 말을 하지 못하게 막은 것은 무엇이었나요?

하고 싶었던 말: ____

막은 것: ____

④ 경계선 점검하기

나의 경계는 건강한가요?

- ☐ 상대의 감정을 내 것처럼 떠안는다.
- ☐ 거절하면 관계가 끊어질까 봐 두렵다.
- ☐ 상대의 기대에 맞추느라 내 욕구를 무시한다.
- ☐ 필요할 때 '아니오'라고 말할 수 있다.

가디언의 질문

"이 관계에서 나는 나로 존재하고 있는가?"

5부

리더십과
조직의
내면

사람을 이끄는 힘은 통제가 아니라
성인자아에서 나온다

리더의 역할은 쉽지 않습니다. 결정해야 하고, 책임져야 하고, 동시에 관계를 유지해야 합니다.

그래서 많은 리더들이 더 통제하려 하고, 더 완벽해지려 애쓰며, 약함을 숨기려 합니다.

5부에서는 리더십을 기술이나 스타일로 다루지 않습니다. 그보다, 리더가 어떤 내면 상태에 머무르는지에 따라 조직과 사람에게 어떤 영향을 미치는지를 살펴봅니다.

우리는 지금까지 내면을 들여다보고, 상처를 이해하고, 관계 속에서 일어나는 반복을 알아차리는 법을 배웠습니다. 이제 그 모든 작업은 하나로 통합됩니다. 성인자아로 머문다는 것은 단지 나를 이해하는 것을 넘어, 타인과 함께 성숙해지는 것입니다. 자신의 취약함을 인식하고, 불안을 견디며, 성인자아로 머무를 수 있을 때 리더십은 비로소 신뢰로 전환됩니다.

내면의 작업이 나를 넘어 조직과 공동체로 이어지는 지점, 그곳을 향해 함께 걷습니다.

갈등을 마주하는 용기

갈등 자체가 관계를 망치는 것이 아니라,
갈등을 다루는 방식이 관계의 운명을 결정한다.
— 존 가트먼

갈등을 피하는 리더

동훈 씨는 조직 내에서 책임감 강한 리더로 통했다. 맡은 일은 꼼꼼하게 챙겼고, 성과도 꾸준히 냈다. 하지만 그와 가까이 지내는 사람들은 종종 그가 감정적으로 닫혀 있다고 느꼈다. 겉으로는 부드럽고 배려심 있는 모습이었지만, 불편한 이야기를 꺼내야 할 상황에서는 말을 아꼈고, 갈등이 생기면 침묵하거나 자리를 피하는 경우가 잦았다.

동훈 씨는 감정을 표현하는 데 특히 서툴렀다. 한 팀원이 지방 출장을 다녀온 뒤 몸이 좋지 않다며 연차를 냈을 때, 동훈 씨는 "몸은 괜찮아?" 한 마디를 건네지 못했다. 그 팀원과 최근에 있었던 사소한 마찰이 마음에 남아 있었기 때문이다. 애써 말을 걸기엔 부담스러워, 무심한 듯 지나치며 상황을 회피했다.

무시당했다는 느낌이 올라올 때

그에게 유독 관계가 힘든 후배 직원이 있었다. 자기 주장을 굽히지 않는 스타일이었다. 한번은 회의 중 일정 문제로 의견이 엇갈렸다. 사실관계를 명백히 오해하고 있음에도, 후배는 자신의 말이 맞다며 고집을 꺾지 않았다. 동훈 씨는 재확인을 요청했지만, 후배는 끝까지 자기 생각을 밀어붙였다. 결국 후배가 말한 정보는 틀린 것으로 밝혀졌다. 그런데도 후배는 사과 한 마디 없이 상황을 넘겼다.

동훈 씨는 기분이 나빴다. 틀린 건 상대인데, 무시당한 것 같았다. 억지 주장으로 일정을 헷갈리게 만든 상대가 잘못을 인정하지 않는 모습을 보며 더 화가 났다. 하지만 그는 화를 꾹 참았다. 대신 차가운 말투와 모니터 너머의 말없는 무표정으로 불쾌감을 내비쳤다.

집에서 반복되는 패턴

동훈 씨는 한동안 가족과의 약속을 잊거나, 예고 없이 연락이 끊기는 일이 반복되면서 아내와 갈등이 깊어지고 있었다. 어느 날, 가족 모임 약속을 잊고 회식 뒤 늦게까지 연락을 받지 못한 일이 있었다. 그 일은 아내에게 큰 상처를 남겼다. 그는 대수롭지 않은 실수라고 생각했으나, 아내의 반응은 격렬했다. 아내에게는 단순히 약속을 잊어버린 일이 아니었다. 어린 시절, 술에 취해 집에 들어오지 않던 아버지를 기다리며 느꼈던 불안과 두려움이 되살아났기 때문이었다.

그날 밤, 늦은 시간까지 아내는 울분과 불안을 억누르며 그를 기다렸다. 동훈 씨가 돌아왔을 때 아내는 이성적으로 대화할 수 없었다. 배신감, 분노, 불안이 뒤섞인 감정이 터져 나왔다. 동훈 씨는 그런 아내의 반응에 놀랐다. 자기 실수를 인정했지만, 아내의 분노를 마수하지는 못했다. 어쩔 수 없던 이유를 설명하려 했지만 입이 떨어지지 않았다. 쏟아지는 감정 앞에서 그는 입을 닫고 멍하니 굳어 버렸다.

갈등 앞에서 멈춰 버린 아이

초등학교 시절, 친구와 조용히 이야기를 나누고 있었을 뿐인데, 선생님은 그를 지목해 교실 앞으로 불러 세웠다. 무슨 영문인지 알기도 전에 떠들었다며 심한 꾸지람을 들었다. 그는 잘못한 것이 없다는 확신이 있었지만, 말할 수 없었다. 억울했지만, 해명할 기회조차 없었다. 그저 속으로 삼키는 수밖에 없었다.

집에서도 부모님 사이에 언성이 높아질 때면 그는 조용히 방문을 닫고, 혼자만의 공간으로 숨어들곤 했다. 무엇을 해야 할지 모르는 막막한 불안 속에서 그저 상황이 지나가기를 기다리는 것. 그 방식이 그에게 가장 안전한 선택이었다.

그에게 갈등은 '말해도 소용없는 것', '억울해도 표현하면 안 되는 것', '피하는 것이 최선인 것'이라는 익숙한 패턴으로 자리 잡아 갔다.

어린 시절 갈등 상황에서 무력감을 반복적으로 경험한 아이는, 갈등 자체를 '위험 신호'로 인식하게 된다. 이때 뇌는 갈등을 문제 해결의 기회로 저장하지 않고, 생존해야 하는 상황으로 기억한다. 이런 아이는 성인이 되어서도 갈등을 마주하면 상대의 의도가 어떻든 몸이 먼저 반응한다. 얼어붙거나, 피하거나, 말문이 막히는 식으로. 이는 의지나 성격의 문제가 아니다. 과거에 자신을 지켜 주었던 방식이 성인이 된 지금도 무의식 속에서 '가장 안전한 전략'으로 자동 실행되고 있는 것이다.

감정을 마주하는 용기

동훈 씨에게 갈등은 '쉽게 다가갈 수 없는 낯선 것'처럼 느껴졌다. 긴장 상황이 닥치면 맞서기보다는 조용히 넘기거나 거리를 두는 것이 익숙한 방식이었다. 그러나 반복되는 회피가 문제를 해결하기는커녕 더 크게 만들고 있었다. 진짜 문제는 상황이 아니었다. 그것을 대하는 자신의 오래된 방식이었다.

동훈 씨는 서서히 관계를 다루는 방식에 변화를 주기 시작했다.

회피 대신 솔직한 대화를 시도했고, 감정이 상한 팀원과도 피하지 않고 마주 앉을 수 있게 되었다. 그리고 갈등을 마주했을 때, 무엇을 어떻게 말해야 하는지도 새롭게 배워 갔다.

그는 대화를 시작할 때 먼저 자신의 의도를 분명히 밝혔다. '책임을 따지려는 게 아니라, 우리가 더 잘 협력할 수 있는 방법을 찾고 싶다'는 메시지는 상대의 방어를 낮추고 대화의 방향을 명확히 했다.

다음으로 그는 자신의 감정을 비난 없이 담담하게 표현했다. "그때 내가 조금 당황했어.", "내 의도가 제대로 전달되지 않은 느낌이 들어." 남을 탓하거나 비난하지 않고, '내가 느낀 것' 중심으로 감정을 말하는 것은 상대의 공격성을 자극하지 않으면서도 자신의 진심을 전달하는 방법이었다.

마지막으로 그는 상황에 대한 자신의 생각과 바람을 구체적으로 전했다. "중요한 논의일수록 서로 한 번 더 확인하면 좋겠어. 그러면 팀이 혼란스럽지 않을 것 같아." 감정 뒤에 있는 기준과 기대를 명확히 말하자, 대화의 방향은 자연스럽게 '누가 맞았는지' 옳고 그름을 따지는 것이 아니라 '앞으로 어떻게 더 잘할 수 있는가'로 이동했다.

이런 방식의 대화는 처음엔 어색했지만, 팀원들은 점차 동훈 씨의 진심을 느끼기 시작했다. 말하지 않고 쌓였던 감정들이 서서히 풀려갔다. 의견 충돌이 관계의 단절이 아니라 공감과 이해로 이어지는 통로가 되어 갔다.

갈등을 마주하는 리더로

말하지 않은 감정은 시간이 지날수록 오해를 키우고, 회피한 갈등은 결국 더 큰 갈등이 되어 돌아온다. 가장 가까운 사람이 우리를 가장 힘들게 만드는 이유는 갈등 그 자체가 아니라, 갈등을 다루는 방식에 있다.

갈등은 피해야 할 골칫거리가 아니라, 서로의 내면세계를 이해하는 중요한 단서다. 어려워도 정면으로 마주할 때 비로소 관계의 오해가 풀리고, 이해의 통로가 열린다. 동훈 씨에게 갈등을 직면하는 용기는, 어릴 적 두려움으로 인해 잃어버렸던 자신의 목소리를 되찾는 과정이 되고 있었다.

리더십은 결국 자기 자신과의 관계를 어떻게 다루는가에서 시작된다. 갈등을 피하는 리더는 배려 깊어 보일 수 있지만, 실제로는 내면의 두려움이 관계를 움직이고 있을 가능성이 크다. 진짜 성장은 갈등 앞에서 도망치지 않고, 그 안에서 자신의 감정과 반응의 뿌리를 인식하며 새로운 대응 방식을 훈련할 때 이루어진다. 갈등을 마주하는 용기는 관계뿐 아니라, 리더 자신을 성장시키는 중요한 전환점이 된다.

당신은 갈등 앞에서 어떤 반응을 보이는가?

피하고 싶은 마음이 올라올 때, 그것은 정말 '지금 이 상황' 때문일까?

아니면, 오래전 갈등 앞에서 무력했던 아이의 반응은 아닐까?

갑옷 속에 숨은 아이

성철 씨가 회의실에 들어서면 공기가 달라졌다. 팀원들은 자세를 바로 하고, 농담을 멈췄다. 누군가는 그를 두고 '카리스마 있는 리더'라고 했고, 또 누군가는 '긴장되는 상사'라고 했다. 성철 씨 자신은 그 평가들이 싫지 않았다. 아니, 오히려 필요하다고 생각했다.

"리더가 만만해 보이면 조직이 흔들려요. 저는 그냥 기준을 명확히 하는 거예요."

그는 실수를 용납하지 않았다. 보고서에 오타가 있으면 전체를 다시 쓰게 했고, 회의에서 준비가 미흡하면 말없이 자료를 덮어버렸다. 엄격했지만 공정했다고 스스로 믿었다. 문제는 그 '엄격함'이 점점 가혹해지고 있다는 것이었다.

통제할수록 불안해지는 이유

어느 날, 핵심 프로젝트가 예상치 못한 문제로 지연되었다. 팀원의 실수가 아니었다. 외부 변수였다. 하지만 성철 씨는 분노를 참을 수 없었다. 회의실에서 목소리가 높아졌고, 팀원들은 고개를 숙였다. 회의가 끝난 뒤, 그는 혼자 남아 창밖을 바라보았다.

"왜 이렇게 화가 났지? 누구 잘못도 아닌데…."

그는 스스로도 이해할 수 없었다. 상황이 통제되지 않을 때 밀려오는 불안. 실수가 드러날 때 치밀어 오르는 분노. 그것은 단순한 업무 스트레스가 아니었다. 훨씬 오래된 무언가가 건드려진 느낌이었다.

부모자아는 어린 시절 우리를 보호하기 위해 만들어진 심리 구조다. "강해야 해.", "실수하면 안 돼.", "약한 모습을 보이면 무시당해."라는 메시지를 내면화하면서, 우리는 스스로를 지키는 갑옷을 만든다. 문제는 그 갑옷이 너무 두꺼워지면, 정작 안에 있는 자신조차 숨이 막힌다는 것이다.

아버지의 그림자

성철 씨의 아버지는 엄격한 사람이었다. 성적이 떨어지면 밥상머리에서 훈계가 이어졌고, 운동회에서 2등을 해도 "왜 1등을 못했냐."는 말이 돌아왔다. 칭찬은 드물었고, 인정은 기대할 수 없었다. 그는 아버지한테 혼나는 게 무서웠다. 그러나 더 무서운 건 아버지를 실망시키는 거였다. 넌 왜 이것밖에 안 되냐는 눈빛. 그 눈빛은 성철 씨의 무의식에 깊게 박혔다.

어린 성철 씨는 결심했다. 절대 약한 모습을 보이지 않겠다고. 완벽해야 한다고. 그래야 사랑받을 수 있다고. 그 결심은 그를 성공으로 이끌었지만, 동시에 그를 고립시켰다.

역설적으로, 부모자아가 강한 사람일수록 그 안의 내면아이도 더 강하다. 두꺼운 갑옷은 그만큼 깊은 상처를 숨기고 있다는 신호다. 성철 씨의 엄격함 뒤에는 '나는 충분하지 않다.'고 느끼는 연약한 내면아이가 있었다.

유독 힘들었던 사람

성철 씨에게는 유독 힘든 팀원이 있었다. 박 대리였다. 보고서가 늦거나, 회의 준비가 미흡하거나, 사소한 실수를 할 때마다 유독 박 대리에게 화가 났다. 다른 팀원이 같은 실수를 해도 넘어갈 수 있었는데, 박 대리만 보면 짜증이 치밀었다.

"솔직히, 저도 왜 그런지 모르겠어요. 그 친구만 보면… 답답해요."

우리는 함께 박 대리를 떠올려 보았다. 일을 잘하려고 애쓰지만 자주 실수하는 모습, 눈치를 보며 조심스럽게 행동하는 태도, 인정받고 싶어 안달하는 표정….

순간 성철 씨의 표정이 굳어졌다.

“…어릴 때 저랑 비슷하네요.”

투사는 자기 안에서 받아들이기 힘든 모습을 타인에게서 발견하고 비난하는 심리 기제다. 성철 씨가 박 대리에게서 본 것은 박 대리가 아니었다. 자신이 숨기고 싶었던 과거의 자신, 아버지에게 인정받고 싶어 안달하던 어린 ‘성철이’였다.

갑옷을 내려놓는 연습

변화는 작은 것에서 시작되었다. 다음 회의에서 팀원이 실수를 보고했을 때, 성철 씨는 평소처럼 반응하려다 멈췄다. 가슴 어딘가에서 올라오는 분노를 느꼈지만, 그것이 팀원에 대한 것인지, 아니면 다른 무언가인지 잠시 생각해 보았다.

“……그래, 알겠어. 다음에 어떻게 하면 좋을지 같이 생각해 보자.”

팀원이 놀란 표정을 지었다. 성철 씨 자신도 놀랐다. 무언가 큰 언덕을 하나 넘은 것 같았다. 그는 팀원의 눈빛에서 처음 보는 안정감을 발견했다. 신뢰, 혹은 안도감 같은 것이었다.

박 대리에게도 다가갔다. 억지로 친절하게 굴지는 않았다. 다만, 화가 올라올 때마다 스스로에게 물었다. ‘지금 화가 나는 게 정말 저 사람 때문일까?’ 그 질문 하나가 반응의 속도를 늦추었고, 그 사이에 다른 선택이 가능해졌다.

성인자아로 살아가기

"예전에는 팀원들이 저를 어려워하는 게 당연하다고 생각했어요. 리더니까. 그런데 요즘은… 그게 꼭 필요한 건지 모르겠어요. 어려워하는 거랑 존중하는 건 다른 거더라고요."

성철 씨는 여전히 기준이 높다. 여전히 성과를 중시한다. 하지만 그 안에 예전에는 없던 여유가 생겼다. 실수를 보아도 즉각 반응하지 않는다. 자신의 감정이 어디서 오는지 먼저 살핀다. 그리고 가끔은, 자신도 실수할 수 있다고 인정한다.

성인자아는 부모자아의 엄격함과 내면아이의 취약함 사이에서 균형을 잡는 심리 구조다. 성인자아는 "실수해도 괜찮다."고 말할 수 있다. "나는 나고, 타인은 타인이다."라고 경계를 세울 수 있다. 약함을 보여도 무너지지 않는다는 것을 안다.

성철 씨의 팀은 조금씩 달라지고 있었다. 회의실 공기가 여전히 긴장되어 있었지만, 예전처럼 숨이 막히지는 않았다. 팀원들도 의견을 내기 시작했다. 실수를 숨기지 않고 보고하기 시작했다. 그리고 성철 씨는, 그런 변화가 싫지 않았다.

강한 리더의 갑옷 안에는 떨고 있는 아이가 있다. 그 아이를 인정하는 것이 진짜 강함의 시작이다. 통제로 얻는 존경은 두려움에 불과하고, 취약함을 보여 주며 얻는 신뢰만이 진짜 리더십이다.

성철 씨는 오늘도 회의실에 들어선다. 하지만 이제 그는 안다.

자신이 두려워하는 것이 팀원들의 실수가 아니라, 자신 안의 불안이라는 것을. 그리고 그 불안은, 직면할수록 작아진다는 것을.

마음의 작동 원리:
저항하는 것은 지속된다

저항하는 것은 지속된다.
—칼 융

이전 칼럼에서 우리는, 강해 보이는 리더 성철 씨의 갑옷 안에 숨어 있던 아이를 만났다. 엄격함과 통제 뒤에 가려진 불안, 그리고 그 불안이 어떻게 관계와 조직을 긴장시키는지를 보았다.

"그래서 어떻게 해야 하지?"

"감정을 다스려야 하는 거 아닌가?"

"결국 자기와의 싸움 아닌가?"

많은 사람들은 이러한 질문을 던지며 살아간다. 우리는 성인이 된다는 것을 그렇게 배워 왔기 때문이다. 성인은 어리지 않은 사람이다. 감정을 잘 절제하는 사람이다. 자기를 잘 극복하는 사람이다. 하기 싫은 일도 해 내는 사람이다. 잘 참고, 책임을 지며 목표를 이루기 위해 최선을 다하는 사람이다. 우리 안에는 이렇게 성인과 아이를 구분 짓는 익숙한 회로가 만들어져 있다.

자기와의 싸움이라는 함정

우리는 무언가를 하려고 결심한다. 어떤 결심은 쉽게 행동으로 이어지고 지속된다. 그러나 어떤 결심은 막상 결심을 해도, 행동이 어렵다. 자기도 모르게 딴짓을 하거나 미룬다. 행동을 했더라도 지속하지 못하고 쉽게 그만두게 된다. 그때 내면에서 익숙한 목소리가 들린다.

"너는 왜 이 모양이야."

"그러니까 네가 안 되는 거야."

"언제까지 그러고 살래?"

이 목소리는 부모자아의 목소리다. 어린 시절 부모나 양육자로부터 자주 들은 비판과 충고가 자동으로 재생되는 것이다. 이 목소리를 들으면 자책감이 밀려온다. 수치심이 뒤따른다. 그래서 다시 자신을 밀어붙인다.

'싫은 소리 듣기 싫으면 열심히 살아야지.'

극기, 자기통제, 자기와의 싸움. 이것이 우리가 흔히 알고 있는 '성인다운 태도'다. 부모자아가 내면아이를 이기고, 통제하는 것. 우리는 이것을 인격의 성숙이라고 믿는다.

그러나 정말 그럴까? 어쩌면 이것은 진정한 성숙이 아니라 성숙에 대한 오해일 수 있다.

통제가 만들어 내는 역설

무의식의 심리학자 융은 '저항하는 것은 지속된다(What you resist, persists.)'라고 했다. 나는 융의 말을 이렇게 해석한다. 이해 받지 못한 마음은, 이해 받을 때까지 신호를 보낸다. 우리 안에 이해 받지 못하고, 좌절된 마음은 누군가 자기를 온전히 이해해 줄 때까지 포기하지 않는다. 끊임없이 자기를 알아 달라는 신호를 보낸다.

그 신호가 바로 미루기다. 딴짓이다. 무기력이다. 자기파괴적인 선택이다. 반복되는 관계 갈등이다. 원하지 않는 결과의 반복이다.

사람들은 흔히 '끌어당김의 법칙'을 말한다. 원하는 것을 상상하면 그것을 끌어당긴다고. 피그말리온 효과처럼 기대하는 것을 경험하게 된다고. 하지만 내면의 저항 회로가 작동하면, 정반대의 일이 벌어진다.

자기가 원하는 것을 끌어당기는 삶이 아니라, 자기가 두려워하는 상황을 끌어당긴다. 성공을 원하면서 성공에 필요한 행동을 미룬다. 성공 직전에 스스로 망치는 실수를 저지른다. 사랑받고 싶다고 말하며 오히려 관계를 밀어낸다. 상대가 자기에게 질려 떠나가게 만든다. 인정을 갈구하며 인정받기 힘든 행동을 반복한다.

이건 의지나 태도, 성격의 문제가 아니다. 무의식의 저항 회로가 자기 내면에서 작동하고 있는 것이다. 통제하려 하면 할수록, 바꾸려고 하면 할수록, 저항은 더 강해진다. 그리고 그 저항은 흔히 자신이 원하지 않는 방향으로 삶을 끌고 간다.

이 회로를 끊는 방법은 자기극복이 아닌 자기이해다. 삶을 바꾸기 위해 우리에게 필요한 것은 더 나은 내가 되는 것이 아니다. 진짜 자기를 만나는 일이다. 내면의 자기를 이해하는 일이다.

반복되는 심리적 저항은 내면아이의 저항이다. 그러나 내면아이의 저항은 문제 행동이 아니다. 원인을 분석해서 해결해야 할 문제가 아니다. 이해하고 들어주고 풀어줘야 할 얼어붙은 마음이다. 좌절된 욕구와 상처받은 감정의 표현이다.

아이를 떠올려 보면 이해가 쉽다. 자기 장난감을 동생이 가져갔다고 아이가 운다. "울지 마! 형답게 굴어!"라고 혼내면 어떻게 될까? 울음을 멈출 수는 있다. 하지만 장난감을 동생에게 뺏긴 마음이 풀어지고 진정된 건 아니다. 두려움에 굴복해서 상처받은 마음을 닫아 버린 것이다.

그 순간 아이 마음속에 하나의 생각이 심어진다.

'울면 안 된다.'

'감정을 드러내도 받아 주지 않는다.'

'약하면 사랑받지 못한다.'

이 생각이 감정을 없애지는 않는다. 감정을 더 깊은 무의식으로 밀어 넣을 뿐이다. 비슷한 상황을 반복적으로 겪으며 이 생각은 뿌리 깊은 신념으로 자라난다. 작은 묘목에 물과 거름을 주고 햇볕을 쬐며 키워가듯, 우리는 반복적으로 경험하는 삶의 사건들을 통해 작은 하나의 생각을 뿌리 깊은 신념으로 자라나게 한다. 그리고 억압된 감정은 사라지지 않고, 양상을 바꿔가며 우리 삶에 반복적으로 등장한다. 다른 모습으로, 다른 관계에서, 다른 상황에서 되살아난다.

하지만 다르게 반응하면 어떨까?

"속상했구나."

"부당했구나."

"짜증났구나."

이렇게 알아주면, 마음이 진정된다. 감정이 이해받고 흘러간다. 맺힌 감정이 풀리고, 보다 성숙한 감정에 자리를 내어 준다. 당장은 화가 가라앉지 않을 수 있다. 그러나 자기 감정에 문제 있다는 생각을 갖지 않는다. 자기 감정이 그럴 수 있다고 받아들여지는 경험 속에서 아이는 상황을 보다 성숙하게 이해하는 사고를 갖게 된다. 내가 원하는 것을 다 가질 수 없고, 때로는 내가 싫어하는 상황도 받아들일 수밖에 없는 삶의 맥락을 이해하게 된다.

감정은 하나의 흐름이다

감정은 분리된 조각들이 아니다. 분노, 슬픔, 불안, 두려움이 따로 존재하는 게 아니다. 감정은 하나의 흐름이자 연속체다. 슬픔과 기쁨 중에 하나를 버리고 하나를 선택하는 뽑기 같은 것이 아니다. 슬픔과 기쁨은 같은 감정의 뿌리를 갖고 있는 연속체다. 슬픔 속에 기쁨이 잠들어 있다. 기쁨 속에 슬픔이 녹아 있다.

그래서 슬픔을 충분히 표현하고 애도의 시간을 거치면, 안정감과 기쁨이 자리를 회복한다. 분노의 기저에 있는 상처와 실망이 이해되면, 분노가 진정되고 평온함이 찾아온다. 세상을 분노의 눈으로 해석하는 상자에서 벗어나 다른 관점으로 볼 수 있게 된다. 감정은 제거해야 할 대상이 아니라, 흘러가도록 도와야 할 에너지다.

성숙(maturity)이란 부정적이라고 여기는 감정을 느끼지 않는 것이 아니다. 그러한 감정을 느껴도 무너지지 않는 회복력(resilience)이다. 감정을 통제하는 게 성숙이 아니라, 감정을 있는 그대로 느끼며 흘러가도록 허용하면서도 중심을 잃지 않는 것이 진짜 성숙이다.

성인자아의 자리

성인자아는 바로 이 자리에 중심을 내린 나를 지칭한다. 성인자아는 부모자아처럼 통제하려 들거나 억누르지 않는다. 내면아이처럼 과도한 불안이나 흥분에 휩쓸리지도 않는다. 지금 일어나는 마음을 있는 그대로 알아차리고 이해하고 수용할 수 있는 자리다. 상황을 객관적으로 바라보며 보다 적합한 말과 행동을 선택하는 직관이다. 유연하고 수용성이 있으며, 개인의 잠재력이 가장 성숙하게 발현되는 지점이다.

성인자아는 이렇게 말한다.

"지금 미루고 있구나."

"이 안에 불안이 있네."

"하기 싫은 이유가 있구나."

성인자아는 통제하지 않고 관계를 맺는다. 비난하지 않고 이해한다. 일방적인 방향을 제시하지 않고 소통한다. 이때 특별한 일이 벌어진다. 우리를 힘들게 하고 소진시켰던 마음의 저항이 약해진다. 에너지가 다시 흐르기 시작한다. 억지로 끌고가는 행동에서 자연스럽게 움직이는 행동이 된다. 힘들게 하는 노력(Hard Effort)에서 쉽게 빠져드는 몰입(Easy Effort)의 상태로 이동한다.

성인자아가 내면아이에게 건네는 말은, 어린 시절 우리가 그토록 간절히 듣고 싶었던 말이다. "그랬구나.", "힘들었겠다.", "그래도 괜찮아." 별것 아닌 것 같은 이 말을 자기 안에서 들을 수 있을 때, 오랫동안 닫혀 있던 마음의 문이 열린다. 자기를 옥죄어 왔던 낡은 감정이 풀어지며 숨통이 트인다. 움츠렸던 내면아이가 밝은 세상으로 걸어 나온다. 세상을 바라보는 생각이 달라진다.

내면의 역동은 관계에서 재현된다

이러한 내면의 역동은 개인 안에서만 일어나지 않는다. 관계와 조직에서도 그대로 재현된다. 우리는 자기의 마음을 통해 대상을 보게 된다. 자기 안에 있는 것을 타인 안에서 발견한다. 자기 안에 사랑이 많은 사람은 타인을 통해서도 사랑을 본다. 자기 안에 불안이 많은 사람은 타인을 통해 자기 안의 불안을 만난다. 자기가 자기를 보는 방식으로 타인을 보게 되는 것이다. 그래서 자신의 취약함을 문제로 볼수록 타인의 취약함도 문제로 보곤 한다.

어린 시절 만들어진 감정에 대한 태도는 관계와 조직에서도 살아서 작동한다. 자기 안에 취약하다고 믿는 감정, 문제 있다고 믿는 감정이 있으면, 다른 사람 안에 있는 비슷한 감정을 받아들이기 어렵다. 그 사람의 취약성이 자기 안의 취약성을 건드리기 때문이다.

그래서 무의식적으로 거리를 두거나, 투사가 일어난다. 상대방의 취약함이 문제 있다는 식으로, 부모자아의 목소리로 비난하고 충고하고 바꾸려 한다. 그것은 본질적으로 상대를 공격할 의도가 있는 것은 아니다. 단지 자기가 다루지 못한 감정을 보호하기 위한 어린아이의 미성숙한 생존 전략을 성인이 되어서도 그대로 반복하고 있는 것이다.

성철 씨가 박 대리에게 그랬던 것처럼 우리도 누군가와 비슷한 역동을 경험하곤 한다.

팀원의 불안이 답답하게 느껴진다. 팀원의 머뭇거림이 무능으로 해석된다. 팀원의 감정 표현이 프로답지 못하다고 판단된다. 그 순간 내 안의 부모자아가 작동한다. 충고하고, 평가하고, 조언하고 싶은 충동이 강해진다.

하지만 대개 결과는 볼품없다. 우리의 선한 의도에도 불구하고 상대는 좀처럼 바뀌지 않는다. 저항은 커지고 다양해진다. 바꿔야 하는 이유가 늘어날수록 회피해야 할 이유도 증가한다. 갈등은 반복되고 일상이 되어 간다.

내 취약성은 "하지 말라."는 말로 사라지지 않는다. 상대의 취약성도 "바꾸라."는 말로 사라지지 않는다. 마치 좀비처럼 되살아나 반복되는 크고 작은 문제를 야기한다. 관계의 긴장과 갈등을 만들어 낸다.

진짜 성숙

성숙은 통제나 극기의 문제가 아니다. 성숙은 내면아이를 이해할 수 있는 성인자아의 자리를 회복하는 것이다. 저항을 줄이는 관계를 맺는 역량이다. 상처받은 감정에도 불구하고 성인자아의 중심을 회복하는 능력이다. 감정이 보내는 신호를 정확하게 캐치해서 지금 여기에서 일어나는 역동을 협력적으로 해결해 가는 지성의 발동이다.

이러한 변화는 개인에서 끝나지 않는다. 관계 회복으로, 리더십으로, 조직의 역동으로 확장된다. 내 안에서 일어나는 일이 밖에서도 일어난다. 내가 나를 대하는 방식이 내가 타인을 대하는 방식이 된다.

자기와 싸울 필요가 없다. 자기를 이길 필요가 없다. 싸움에서 이겨도 싸움에 진 나는 또 다른 모습으로 내 삶에 등장한다. 자기를 이해하고 알아줄 때까지 계속해서 딴지를 건다. 싸울 필요가 없다는 사실을 깨달을 때, 우리는 비로소 마음의 긴장을 풀어 낼 수 있다. 어쩌면 평생을 짊어져 온 마음의 짐을 내려놓을 수 있게 된다.

내 안의 적은 바로 나였다. 오랫동안 이해받기를 기다려온 어쩌면 가장 취약한 나. 그럼에도 있는 그대로의 존재로 사랑받을 자격이 충분한 나의 소중한 일부다.

조용한 리더의 힘

강 상무는 조직에서 '전략에 능한 사람'으로 통했다. 숫자에 강하고, 구조를 빠르게 파악하며, 핵심을 간결하게 정리하는 능력이 탁월했다. 실무자 시절에도, 팀장 시절에도 그는 늘 '성과로 말하는 사람'이었다.

그러나 임원이 된 이후, 그는 종종 혼자라고 느꼈다. 회식 자리에서 자연스럽게 어울리는 일, 가볍게 웃으며 나누는 대화, 분위기를 살리는 농담…. 그에겐 그런 것들이 낯설고 버거웠다.

"솔직히, 불편해요. 사람 많은 데 가면 어색하고, 자꾸 나를 평가하는 것 같고…, 편하지 않아요."

그는 조직 내에서 신뢰도 높은 리더였지만, 어딘가 거리를 두는 사람으로도 인식되고 있었다. "좋은 분인데, 가까이 다가가긴 어렵다."는 피드백은 그에게 은근한 상처였다.

“리더는 친화력이 있어야 한다.”는 말은 그에게 늘 부담이었다. 억지로 유쾌하게 말하려 애썼지만, 어색한 웃음은 스스로도 민망했다. 어쩌다 진심을 담아 조언해도, 분위기를 못 읽는 사람처럼 느껴질까 걱정됐다.

“내가 해 주는 말이 진심으로 들릴까요?”

그는 진심이 가벼워지는 게 싫었다. 그래서 차라리 말하지 않거나, 무미건조하게 팩트를 전달했다. ‘편한 말’보다는 ‘정확한 말’을, ‘감정’보다는 ‘논리’를 택했다.

내향성은 극복해야 할 약점이 아니라, 활용해야 할 특성이다. 내향적인 사람은 깊이 생각하고, 신중하게 판단하며, 진정성 있는 관계를 맺는다. 말보다 관찰로, 속도보다 사유로 세상을 이해한다. 이들은 한 걸음 물러나 조용히 듣고, 성급한 판단 대신 충분한 숙성을 선택한다. 수전 케인이 말하듯, 이러한 ‘조용한 리더십’은 오히려 팀의 잠재력을 끌어올리고, 구성원의 자율성과 창의성을 자연스럽게 이끌어 낸다. 문제는 내향성 자체가 아니라, 외향적 기준으로 자신을 평가하는 것이다.

나다운 리더십은 무엇일까

그에게 ‘리더십의 확장’은 정체성의 혼란처럼 다가왔다. ‘나는 팀장일 때 잘했는데, 임원이 되면서 왜 이렇게 불편해졌지? 관계와 분위기를 이끄는 건 내 영역이 아닌데, 그걸 꼭 잘해야 하나?’

우리는 갤럽 강점진단을 통해 그의 강점을 탐색했다. 집중, 분석, 책임, 전략적 사고…. 그리고 '절친(Relator)'이라는 강점이 눈에 들어왔다. 소수의 사람들과 깊은 관계를 맺는 성향. 나는 이것을 '절친형'이라고 불렀다. 그는 의아해했다.

"절친이요? 저는 그런 스타일은 아닌데…."

그러나 곧 떠올랐다. 그는 누군가와 깊이 신뢰를 쌓으면 오래가는 편이었다. 사적으로 표현은 적지만, 함께한 사람에게는 책임을 지고, 정성을 들이고, 말하지 않아도 느끼게 하는 사람이었다.

"가까운 사람한테는 저도 되게 따뜻한 편이에요. 그런데 다른 사람들은 그걸 잘 모를 뿐이죠."

"그럼 그 리더십을 살려 보는 건 어때요? 분위기를 끌어가는 게 아니라, 신뢰를 쌓는 리더. 넓게 퍼지는 관계가 아니라, 깊이 연결되는 관계. 절친형 리더십이요."

관계를 맺지 못하는 게 아니라, 신중한 것

그는 늘 '성과'로 자신을 증명해 왔다. 감정보다 논리, 사람보다 일, 관계보다 결과를 앞세우며. 하지만 그 안엔 말 못 할 두려움이 자리하고 있었다. 감정을 꺼내면 어색해지고, 관계가 엉킬까 봐 조심스러웠다. 사람들에게 관심은 있지만 어떻게 다가가야 할지 모르고 있었다.

관계를 피하는 것처럼 보이는 사람들 중에는, 관계에 신중한 사람들이 많다. 그들은 넓게 퍼지기보다 깊게 연결된다. 가볍게 다가가지 않지만, 한번 연결되면 깊고 오래간다. 그것이 내향형 리더의 관계 방식이다.

작은 시도, 큰 울림

그는 변화를 시도했다. 회의 중에, 부서원 한 명에게 칭찬을 건넸다.

"요즘 보고서 정리가 훨씬 명확해졌더라."

말을 건네는 순간은 어색했지만, 그 뒤에 이어진 부서원의 미소는 오래 남았다.

"다음 날 그 친구가 먼저 와서 인사를 하더라고요. 별거 아니었는데, 그 한 마디가 그렇게 큰 의미였나 봐요."

그는 느꼈다. 꼭 유쾌하고 친화적일 필요는 없었다. 때로는 조용한 사람의 진심이 더 깊게 전해지기도 했다. 그리고 그런 진심은, 꼭 말이 아니어도 전달될 수 있었다.

조용한 사람의 한 마디는 때로 더 크게 울린다. 평소 말이 적은 사람이 건네는 진심 어린 칭찬은, 수다스러운 사람의 열 마디보다 깊이 각인된다. 내향형 리더의 말에는 그런 무게가 있다.

나답게, 그것이 리더십이다

"예전에는 사교성이 없다는 게 약점이라고 생각했어요. 그런데 지금은… 그게 제 스타일이라는 걸 알겠어요. 저는 깊은 신뢰를 만드는 사람이지, 분위기를 띄우는 사람은 아니에요. 그걸 받아들이니까, 마음이 편해졌어요."

어색했던 회식이 조금씩 편해졌다. 때로는 가벼운 농담도 던질 수 있었고, 그 안에서 오가는 웃음이 낯설지 않게 느껴졌다. 무엇보다 그는 부서원 한 사람 한 사람과 더 진심으로 연결되고 있었다. '사람을 좋아하지 않는다'는 오해는 '사람에게 진심인 사람'으로 바뀌고 있었다.

리더십에는 정해진 모습이 없다. 외향적이든 내향적이든, 중요한 건 자신만의 방식으로 관계를 맺고, 신뢰를 쌓고, 팀을 이끄는 것이다. 관계는 퍼포먼스가 아니라 진심이다. 리더십은 흉내가 아니라 자기다움이다.

강 상무는 사교적이진 않다. 하지만 그는 진심이 있다. 그리고 그 진심은, 천천히 사람의 마음을 움직이고 있었다.

모른다고
말할 수 있는 용기

솔직함 없이는 학습도 불가능하다.
사람들이 열린 마음으로 말하지 못하는 곳에서는 조직도 배울 수 없다.
— 에이미 에드먼슨

"모르면 안 되는 줄 알았어요."

민수 씨의 목소리에는 오랫동안 눌러왔던 무게가 낮게 배어 있었다. 그는 대기업에서 오랜 실무 경험을 쌓고 최근 팀장으로 승진한 신임 리더였다. 주변에서는 "성실하다.", "일 잘한다."는 평가를 받았지만, 그는 늘 안에서 불안했다. 상사 앞에선 말문이 막혔고, 후배들에게는 피드백 한 마디 건네는 것도 망설여졌다.

민수 씨의 내면에는 '모르면 안 된다'는 신념이 뿌리 깊게 자리 잡고 있었다. 실수하면 곧 신뢰를 잃을 것 같았고, 틀리는 순간 리더 자격이 사라질 것만 같았다. 그는 '완벽한 리더'라는 이상적인 역할에 스스로를 가두고 있었다.

완벽해야 사랑받는다는 믿음

민수 씨는 어린 시절을 떠올렸다.

아버지는 늘 정확하고 논리적인 사람이었고, 작은 실수조차 그냥 넘어가는 법이 없었다. 질문을 하면 "그런 것도 몰랐냐?"며 추궁하듯 면박을 줬다. 시험에서 틀린 문제는 마치 변명하듯 하나하나 틀린 이유를 해명해야 했다. 조금만 틀려도 뭔가 크게 잘못된 사람이 된 것 같았다.

민수 씨는 점점 모르는 것을 감추고, 실수하지 않으려 애쓰며 자랐다. 그렇게 자연스럽게 생긴 믿음이 있었다. '완벽해야 사랑받는다.', '실수하면 절대 안 된다.'

그 믿음은 직장에서도 그대로 작동했다. 상사에게 보고할 때는 언제나 완벽하게 정리된 정보만 보여 주어야 했고, 질문을 받으면 검증되지 않은 자기 생각을 쉽게 꺼낼 수 없었다. 혹시라도 틀리면, 무시받거나 무능해 보일까 불안했다.

그 불안은 점점 그의 목을 조이듯 커져갔다. 말을 꺼내기도 전에 머릿속이 하얘지는 일이 반복됐고, 생각이 많아질수록 말은 더 꼬였다.

민수 씨는 점점 말수를 줄였다. 확실하지 않으면 말을 아꼈고, 모르는 건 침묵하고 따로 정리했다. 하지만 돌아온 피드백은 예상 밖이었다.

"왜 자기 생각을 안 해?", "요즘 소통이 너무 부족해."

민수 씨는 충격을 받았다. 신중하게 행동했지만, 평가는 오히려 나빠지고 있었다. 어느 순간, 그는 '전략적 사고가 부족한 사람'이라는 평가를 듣게 되었다. 충분히 이해하고 있었지만, 말로 표현을 안 하니 그렇게 보였던 것이다.

겁먹은 아이와의 만남

민수 씨는 자신의 불안을 탐색하는 과정에서 내면의 '겁먹은 내면아이(Inner Child)'를 발견했다. 그 아이는 여전히 오래된 신념을 반복하고 있었다.

"틀리면 밀려날 거야. 모르면 바보 취급당할 거야. 무능하다고 실망할 거야."

그 목소리는 오랜 시간 그의 행동을 지배해 왔다. 생각을 멈추게 하고, 침묵하게 만들었다. 사람들로부터 멀어지게 만들었다.

민수 씨는 그 아이와 대화하며 따뜻한 말로 위로했다.

"괜찮아. 모를 수 있어. 실수할 수도 있어. 완벽하지 않아도 괜찮아."

민수 씨는 순간 울컥했다. 갑작스러운 눈물에 놀랐다고 했다. 단지 감정의 눈물이 아니었다. 스스로 자기 자신을 수용하고 인정하는 눈물이었다.

모른다고 말할 수 있는 용기

진짜 자신감 있는 리더만이 "모른다."고 말할 수 있다. 모든 것을 혼자 해결하려 하기보다, 팀의 지혜와 전문성을 모아 더 나은 답을 찾을 수 있다는 믿음이 있기 때문이다. 이는 책임을 회피하는 것이 아니라, 더 좋은 결정을 만들기 위한 용기 있는 선택이다.

민수 씨는 스스로에게 묻기 시작했다.

"이건 내가 혼자 답을 내야 할 문제인가, 아니면 함께 답을 찾아갈 수 있는 문제인가?"

이 질문 하나가 그의 말투와 회의 방식, 그리고 팀의 공기를 달라지게 했다.

그는 상사에게도 조심스럽지만 솔직한 질문을 던지기 시작했다. 예전에는 상사 앞에서 "모릅니다."라고 말하는 순간 신뢰가 무너질까 두려웠다. 하지만 지금은 달라졌다.

"이 부분은 제가 판단하기가 조금 어렵습니다. 상무님이라면 어떤 기준으로 접근하셨을지 궁금합니다."

이 말은 단순한 질문이 아니라, 상사를 믿고 함께 답을 만들어가겠다는 신호였다. 덕분에 민수 씨는 상사의 피드백을 이전보다 훨씬 객관적으로 받아들일 수 있었고, 상사의 의도와 목적을 파악해 더 정교한 대응이 가능해졌다.

예전에는 자신의 취약함을 감추느라 정작 대화에 집중하지 못했다. 에너지는 대부분 자기 검열에 소모됐고, 말하는 것보다 머릿속이 더 바쁘게 돌아갔다. 지금은 다르다. 민수 씨는 상황에 보다 온전히 집중할 수 있었고, 생각의 깊이와 선명도가 달라졌다는 걸 스스로 느꼈다.

진심을 담아 말하면 된다

어느 날, 민수 씨는 후배와 면담을 하게 되었다. 그는 늘 후배에게 피드백을 주는 일을 어려워했다. 상처받을까 두렵고, 관계가 불편해질까 걱정됐다. 말해도 달라지지 않을 거라는 무력감도 있었다. 그래서 대부분 조용히 넘어가거나, 그냥 일을 대신 처리해 버리곤 했다.

하지만 그날은 달랐다.

"이번 보고서 말인데, 방향성은 좋은데 메시지가 조금 흐려진 것 같아. 내가 뭘 기대하는지 충분히 말 안 해 준 것 같아서 미안해."

후배는 놀란 듯 그를 바라보더니, 조용히 말했다.

"괜찮아요 팀장님. 이렇게 얘기해 주시니까 오히려 정리가 잘 되는데요. 고맙습니다."

민수 씨는 처음으로 업무 대화를 하면서도 '관계가 연결되는 감각'을 느꼈다. 괜히 친근한 척할 필요도, 무심한 척할 이유도 없었다. 그저 진심을 담아 말하면 된다는 걸, 처음으로 실감했다.

연결된 리더로

민수 씨는 여전히 리더로서 성장 중이다. 하지만 이제는 안다. 실수는 능력이 부족하다는 증거가 아니라, 인간다움의 일부라는 것을. 완벽함은 경외심을 만들 수 있지만, 연결감과 신뢰는 오히려 취약함에서 비롯된다. 브레네 브라운의 말처럼, 취약성은 관계가 깊어지는 문이다.

리더는 무결점의 존재가 아니다. 팀 안에서 드러나는 불안·두려움·혼란 같은 취약한 감정들을 받아들이며 통합해 가는 성인(Self)이어야 한다. 이제 민수 씨는, 그 손을 자기 자신에게 먼저 내밀 줄 아는 사람이 되어 가고 있었다. 자신에게 관대해지는 만큼, 타인에게도 심리적 안전감을 전해 주는 리더로 성장하고 있었다.

리더의 가면을
벗는 순간

진정한 리더십은 완벽함이 아니라,
불완전함을 드러낼 수 있는 용기에서 시작된다.
— 브레네 브라운

송 팀장은 최근 총괄팀장으로 승진했다. 조직에서 주목받는 여성 리더였다. 기쁨과 자부심도 있었지만, 그보다 더 먼저 다가온 건 역할의 무게와 책임감이었다.

굵직한 프로젝트들이 연달아 쏟아졌고, 외부 협업과 고위 임원 미팅까지 모두 그녀의 몫이었다. 몸도 마음도, 그리고 감정의 여유까지 점점 고갈되고 있었다. 밤이면 잠들기 어려웠고, 겨우 잠이 들어도 악몽에 시달렸다. 준비가 되지 않은 채 시험장에 들어서는 수험생처럼, 불안한 긴장감이 반복되는 꿈이었다.

그녀는 빠른 승진으로 조직 내에서 주목받는 인물이었다. 도전적이고 창의적인 기획력으로 인정받으며, 실무에서 총괄까지 단기간에 올라선 보기 드문 사례였다.

그런데, 승진 이후 그녀는 점점 더 스스로를 믿지 못했다.

"리더로서 자격이 있는지 늘 고민하게 돼요."

"지금의 역할이… 저한테 너무 큰 건 아닐까 싶어요."

"내가 일을 잘 못하는 사람처럼 느껴질 때가 많아요."

팀워크가 좋아졌다는 평가와 함께, 성과도 올라가고 있었다. 하지만 그녀는 여전히 자기 안에 '나는 부족하다'는 목소리와 날마다 싸우고 있었다.

완벽해야 한다는 강박

송 팀장은 내향적인 사람이었다. 혼자 조용히 사색하는 시간이 가장 큰 위안이었다. 하지만 총괄이 된 후에는 그런 여유가 없었다. 계속해서 사람을 만나고, 발표하고, 조율하는 역할이 이어졌다. 일이 자기 성향과 안 맞다는 생각을 했다. 에너지를 많이 써야 하는 일에 체력적으로도 힘이 부쳤다.

그녀는 스스로에게 말하고 있었다.

'나는 에너지가 부족한 사람이야.'

'나는 사람들을 상대하는 게 버거워.'

'나는 아직 리더가 될 준비가 안 된 것 같아.'

그 속삭임은 그녀를 점점 더 위축되게 만들었다. 자신을 작게 만들고, 주변의 눈치를 살피게 했다.

우리는 있는 그대로 자신을 보기 어렵다. 세상을 필터를 통해 인지하듯, 자기 자신도 내면의 필터를 통해 인식한다. 어떤 사람들은 실제 모습보다 자기를 더 크게 본다. 반면 어떤 사람들은 자신을 더 작게 인식하기도 한다. 실제보다 상대를 크게, 자신을 작게 느끼는 이 왜곡된 인식은 자기인식을 흐리게 만든다. 어떤 리더들은 이런 인지 왜곡 속에서 자신을 과소평가하고, 그 결과 더 완벽해지려 애쓰다가 소진된다.

어떤 사람들은 그들의 지위가 덩치로 다가왔다. 그들의 존재감이 클수록, 그녀는 더 작아졌다. 그들은 컸고, 그녀는 작았다.

그녀는 완벽해지려 애썼다. 실수하지 않으려 더 철저히 준비했고, 빈틈없이 업무를 처리하기 위해 매 순간 긴장했다. 그럴수록 더 피곤해졌고, 쉬고 싶은 마음이 커져갔다.

타인의 일까지 짊어진 어깨

나는 그녀에게 물었다.

"『네 가지 질문』의 저자 바이런 케이티는 세상에는 세 가지 일이 있다고 했어요. 나의 일, 너의 일, 그리고 신의 일. 요즘은 누구의 일에 가장 마음을 쓰고 계세요?"

그녀는 짧은 침묵 이후에, 조용히 고개를 끄덕였다.

"팀원들이 힘들어하는 게 자꾸 눈에 밟혀요. 밤에 잠도 잘 안 오고, 혹시라도 누가 그만두기라도 하면 어쩌나…. 계속 걱정이 돼요."

바이런 케이티는 우리가 책임질 수 있는 일은 나의 일밖에 없다고 강조한다. 너의 일, 신의 일은 우리의 통제권 밖에 있는 일이다. 진인사대천명이다. 내가 할 수 있는 일에 최선을 다하면 결과는 하늘에 맡길 수 있게 된다. 일할 때는 일하고, 쉴 때는 쉴 수 있게 된다. 일과 휴식, 나와 타인 사이의 경계가 선명해진다.

그 경계가 생길 때 오히려 타인에게 더 강한 영향력을 발휘하고, 공동의 성취를 이끌어 낼 수 있다. 그러나 우리는 종종 자신의 일이 아닌 것까지 책임지려 한다. 타인의 감정, 타인의 선택, 통제할 수 없는 결과까지. 그 과도한 책임감은 우리를 소진시키고, 영향력을 약하게 만든다. 정작 자신을 돌보는 일은 뒷전으로 밀어버린다.

그녀는 자신의 일이 아닌, 타인의 감정과 평가, 외부의 반응까지 혼자서 짊어지고 있었다. 감당할 수 없는 일들까지, 자신의 책임처럼 묵직하게 안고 있었다.

가면 뒤에 숨은 진짜 나

우리는 가면 증후군에 대해 이야기했다. 많은 리더들이 이 감정에 시달린다. 조직에서 능력을 인정받지만, 속으로는 '나는 그냥 운이 좋았던 거야.'라며 자신을 위선자처럼 느낀다. 실제보다 더 유능해 보여야 한다는 압박은 오히려 자신을 무능한 것처럼 느끼게 한다. 인정받을수록 불안해지고, 올라갈수록 자기의 취약성이 들킬까 두려워지는 역설이다.

그녀도 그랬다. 자신이 받은 인정이 진짜 실력이 아니라 운이나 이미지 때문일까 걱정하고 있었다. 리더가 된 뒤에도 '진짜 나'를 들키지 않기 위해 더 많은 노력과 에너지를 쓰고 있었다.

가면 증후군은 성공한 사람들에게 흔히 나타난다. 외부의 인정과 내면의 자기 인식 사이에 간극이 생길 때, 우리는 스스로를 가짜처럼 느낀다. 하지만 이 감정은 능력 부족의 증거가 아니라, 높은 기준을 가진 사람들이 겪는 자연스러운 현상이다.

내면의 아이를 만나다

나는 조용히 물었다.

"팀장님 안에… 조금 위축된 내면아이가 있다면, 그 아이에게 어떤 말을 해 주고 싶으세요?"

그녀는 잠시 눈을 감더니, 천천히 입을 열었다.

"난 네가 정말 대단한 것 같아. 어쩔 땐 네가 그렇게 작은 아이라는 게 믿기지 않아. 그 작은 체구로 지금까지 잘 버텨냈잖아. 순발력 있게, 전략적으로, 누구도 쉽게 해내지 못할 일들을 해 왔고…. 불안해도, 힘들어도, 끝까지 버텨냈잖아. 정말 잘해 왔고…. 앞으로도 정말 잘할 거야. 난 그렇게 믿어."

그녀의 눈가가 붉어졌다.

"지금까지는 인정을 받아도 겉도는 느낌이었어요. 그런데 지금은, 뭔가 진짜 인정받는다는 느낌이에요. 마음 깊은 곳에서 무언가 뜨거운 게 채워지는 것 같았어요."

진정한 인정은 외부에서 오지 않는다

타인의 인정은 잠시 위안이 될 수 있지만, 진정한 인정은 자기 내면에서 시작된다. 자신의 취약함을 인정하고, 애쓰며 성장해 온 자신을 인정할 때, 외부의 평가에 흔들리지 않는 단단한 중심이 생긴다. 있는 그대로의 자신을 받아들이며, 잘하는 것은 잘하는 대로, 부족한 것은 부족한 대로 수용할 수 있는 여유가 생긴다.

송 팀장은 오늘, 자신을 작게 만들던 불안을 껴안았다. 실패가 두려운 내면의 아이에게 진심 어린 인정과 따뜻한 사랑을 건넸다.

그 순간, 그녀의 리더십은 한 단계 더 성숙해지고 있었다.

가면을 벗는다는 것은 약해지는 것이 아니다. 오히려 진짜 자신과 만나는 용기다. 그 용기가 있을 때, 우리는 비로소 자신만의 고유한 리더십을 발휘할 수 있게 된다.

조직을 움직이는 보이지 않는 힘

조직 변화가 실패하는 이유는 기술·전략 때문이 아니라
사람들의 '내면 구조'가 변화 수준을 따라오지 못해서이다.
내면 발달이 조직 적응의 핵심이다.
— 로버트 키건

회의 중에 팀장이 날카로운 피드백을 던졌다. 받은 사람의 표정이 굳었다. 목소리가 실짝 떨리며 방어적인 설명이 이어졌다. 회의실 공기가 무거워졌다. 다른 팀원들은 눈을 피했다.

겉으로 보면 업무 피드백이 오간 것뿐이다. 그런데 왜 이렇게 분위기가 이상해졌을까. 왜 그 한 마디에 저렇게 과하게 반응했을까.

조직에서 일어나는 갈등과 오해의 상당수는 역량 부족이나 의사소통 기술 때문만이 아니다. 겉으로는 일의 문제처럼 보이지만, 그 밑바닥에는 사람들 안에 숨겨진 내면 구조가 작동한다.

내면아이가 일할 때

사람은 성인이 되어도 어린 시절의 심리 구조를 그대로 조직에 가져온다.

실적이 나쁘면 불같이 화내는 리더가 있다. 인정받지 못하면 다운되는 팀원이 있다. 이의를 제기하면 과하게 방어하는 동료가 있다. 갈등 상황이 생기면 조용히 사라지는 중간 관리자가 있다. 상사 앞에서 지나치게 순응하는 매니저가 있다. 누가 뭐라고 하지 않았는데 혼자 자기 탓만 하는 팀원이 있다.

겉으로 보기엔 모두 성인이다. 하지만 이 순간 그 사람을 움직이는 것은 성인자아가 아니다. 그 뒤에서 반응하는 것은 두려움, 수치심, 밀려날지 모른다는 불안을 가진 내면아이다.

내면아이가 전면에 나와 의사결정을 하면 리더는 침착함을 잃고, 팀원은 합리성을 잃는다. 조직의 문제처럼 보이지만, 사실은 각자의 미해결된 과거가 충돌하는 것이다.

감정이 이동하는 방식

사람은 자신의 감정을 견디기 힘들 때 무의식적으로 타인에게 넘긴다. 조직에서는 매우 흔하게 일어나는 마음의 역동이다.

내가 느끼는 불안은 "저 팀장이 불안정해 보여."로 바뀐다. 내가 품은 분노는 "왜 저 사람은 저렇게 공격적이지?"로 바뀐다. 내가 감당하기 어려운 무능감은 "저 직원은 왜 이렇게 못하지?"로 바뀐다.

더 미묘한 경우도 있다. 내가 감당하기 어려운 감정을 상대가 실제로 느끼도록 만들고, 상대는 그 감정에 물들어 마치 원래 그

조직을 움직이는 보이지 않는 힘: 내면 구조와 감정의 이동

감정이 자신에게 있었던 것처럼 반응한다. 이때 조직은 개인 감정의 집합이 아니라, 감정이 이동하고 증폭되는 장이 된다.

팀장이 임원 보고를 앞두고 불안하다. 하지만 그 불안을 인정하지 않고, 팀원들에게 사소한 것까지 확인하고 또 확인한다. 팀원들은 점점 긴장하고, 나중엔 스스로도 왜 이렇게 불안한지 모르겠다고 느낀다. 팀장의 불안이 팀 전체로 옮겨간 것이다.

상사가 윗선에서 압박을 받고 속으로 화가 나 있다. 하지만 그 분노를 표현하지 못하고, 회의에서 팀원의 작은 실수를 날카롭게 몰아붙인다. 팀원은 억울함과 분노가 치밀어 오르고, 집에 가서도 그 감정이 가라앉지 않는다. 상사가 표현하지 못한 분노를 팀원이 대신 느끼게 된 것이다.

리더가 자기의 감정을 해결하지 못하면 그 감정은 팀원에게 이동한다. 나쁜 의도를 가졌기 때문에 그런 것이 아니다. 다만, 보이지 않는 감정을 다루는 기술을 제대로 학습하지 못했기 때문이다.

마음을 읽는 리더

리더는 이제 팀원의 성과만 관리하는 사람이 아니다. 보이지 않는 마음을 다룰 줄 알아야 한다.

어떤 사람은 지적받으면 아이가 된다. 어떤 사람은 책임을 지면 과하게 긴장한다. 어떤 사람은 권위 앞에서 얼어붙는다. 어떤 사람은 친밀한 관계에서 오히려 불안을 느낀다. 어떤 사람은 성과에 대한 지나친 의욕으로 팀워크를 해친다.

이것을 능력이나 태도, 성격의 문제로만 보면 사람을 잘못 다루게 된다. 마음을 이해해야 정확하게 다룰 수 있다.

"왜 저렇게 예민하지?"라는 판단 대신, "저 반응 뒤에 어떤 두려움이 있을까?"라고 묻는 것. "왜 저렇게 방어적이지?"라는 짜증 대신, "저 사람의 내면아이가 지금 위협을 느끼고 있구나."라고 이해하는 것. 이 시선의 전환이 사람을 새로운 눈으로 바라보게 만든다.

리더십의 본질은 사람을 통제하는 기술이 아니라, 사람의 마음을 이해하고 조율하는 능력이다.

일의 성장이 아니라 내면의 성장

사람이 일터에서 성장하는 것은 업무 스킬 때문만은 아니다.

그보다 더 중요한 것은 자기 내면의 진실을 알아차리는 것이다. 감정과 생각을 분리해 내는 것이다. 상대의 반응을 내 문제로 받아들이지 않는 것이다. 흔들리지 않는 존재감이 중심을 잡는 것이다.

이 변화가 일어나면 사람은 일터에서 완전히 다른 사람이 된다. 같은 피드백을 받아도 무너지지 않고 성장한다. 같은 갈등 상황에서도 반응이 아니라 선택을 할 수 있다. 위기 상황에서도 회복력을 바탕으로, 오히려 기회를 만들어 낸다.

조직의 성장은 사람이 성장하는 과정이다. 그리고 그 성장은 스킬이 아니라 내면에서 시작된다.

실수해도 괜찮은 조직

세 가지 마음의 자리

교류분석에서는 인간의 마음을 세 가지 자아상태로 설명한다. 이 구분은 개인의 내면뿐 아니라 조직 내 관계 역동을 이해하는 데도 유용한 틀이 된다.

부모자아는 어린 시절 부모나 양육자로부터 내면화한 규칙과 가치관을 담고 있다. "~해야 한다.", "~하면 안 된다."는 명령적 메시지가 이 자리에서 나온다. 보호하고 돌보는 양육적 부모자아가 있고, 통제하고 평가하는 비판적 부모자아가 있다.

내면아이는 어린 시절의 감정과 욕구, 반응 패턴을 담고 있다. 창의성과 자발성의 원천이기도 하지만, 해결되지 않은 상처와 두려움도 이곳에 저장된다. 자유롭게 즐기는 내면아이가 있고, 순응하거나 반항하며 두려움에 떠는 불안한 내면아이가 있다.

성인자아는 현재 상황을 객관적으로 인식하고, 논리적으로 판
단하며, 자율적으로 선택하는 자리다. 부모자아와 내면아이 사이
에서 균형을 잡고 통합하는 역할을 한다.

갑옷이 만들어지는 과정

우리가 흔히 성격이라고 부르는 많은 특성들은, 사실 어린 시절
의 취약함을 보호하기 위해 만들어진 심리적 갑옷일지도 모른다.
아이에게 세상은 늘 안전한 곳이 아니었고, 상처받지 않기 위해
아이는 나름의 방법을 배워야 했다.

부모자아를 움직이는 핵심 감정은 종종 수치심이다. 어린 시절
'부족한 나를 보이면 사랑받지 못할 것 같다', '잘해야만 인정받을
수 있다'는 경험을 한 아이는, 자연스럽게 자신을 지키기 위한 방
어 구조를 발달시킨다. 강해야 한다, 실수하면 안 된다, 약한 모습
을 보이면 무시당한다. 이런 믿음들이 조금씩 쌓여 마음의 갑옷이
된다.

역설적으로, 부모자아가 강할수록 그 아래에 있는 내면아이도
함께 긴장한다. 부모자아는 내면아이의 취약함을 실제로 치유하
기보다는, 덮고 억누르고 감추며 대신 싸우는 역할을 하기 때문이
다. 그 방식은 한때 아이를 지켜 주었지만, 시간이 흐르며 점점 더
단단한 방어로 굳어 간다.

시간이 지날수록 갑옷은 두꺼워지고, 수치심은 깊어진다. 타인은 경계해야 할 존재가 되고, 세상은 경쟁과 긴장의 장처럼 느껴진다. 이 모든 과정은 누군가의 잘못이라기보다, 살아남기 위해 배운 마음의 전략에 가깝다.

부모자아가 지배하는 조직

부모자아가 중심이 된 조직에서는 몇 가지 공통된 흐름이 나타난다. 문제가 생기면 원인을 함께 탐색하기보다, 책임 전가가 먼저 일어난다. 실수는 학습의 기회가 아니라 비난과 평가의 대상이 된다. 그래서 사람들은 실수를 숨기고 방어하는 데 익숙해진다. 회의에서는 말수가 줄고, 서로 눈치를 본다. 책임지는 역할은 피하고 싶고, 안전한 선택만 반복된다. 결국 문제는 개인의 탓이 되고, 구조는 바뀌지 않는다.

성과가 중요하지만, 그것이 왜 중요한지에 대한 대화는 사라진다. "이번 달 목표 어떻게 됐어?"라는 질문은 있지만, "이 일이 우리에게 어떤 의미가 있는가?"라는 질문은 없는 것이다. 함께 협력하고 시너지를 내기보다, 누가 누구 편인지, 누가 힘이 있는지, 나에게 어떤 유불리가 있는지를 파악하는 데 에너지가 쓰인다. 겉으로는 단단해 보이지만, 속으로는 '내 실수가 드러나면 어떡하지.', '저 사람이 나를 어떻게 볼까.'라는 불안이 늘 흐르고 있다.

이런 조직의 문제는 누군가가 나빠서 생기는 것이 아니다. 구조

자체가 구성원들의 내면아이를 계속 자극하고, 그 결과 모두가 부모자아와 내면아이 사이의 긴장 속에서 일하게 되는 것이다.

이런 조직에게 필요한 것은 진단이 아니라 이해다. 사람도, 조직도, 자신을 지키기 위해 배운 방식으로 지금의 모습을 만들어왔을 뿐이다. 변화는 그 구조를 알아차리는 순간부터 시작된다.

성인자아가 중심을 잡을 때

해법은 성인자아가 중심을 잡는 것이다.

성인자아는 "실수해도 괜찮다."고 말할 수 있다. "나는 나고, 타인은 타인이다."라고 경계를 세울 수 있다. 약함을 보여도 무너지지 않는다는 것을 안다. 감정은 감정일 뿐, 나를 규정하지 않는다는 것을 안다. 함께 협력해서 더 나은 성과를 내는 보람을 추구한다.

성인자아가 중심이 된 조직은 다르게 움직인다. 문제가 생기면 '누구 탓인가'보다 '무슨 일이 일어났는가'를 먼저 묻는다. 실수는 비난의 대상이 아니라 학습의 재료가 된다. 감정은 부정되지도, 과장되지도 않는다. "지금 이런 감정이 올라오고 있다."는 말이 가능해지고, 감정은 관계를 망치는 요소가 아니라 이해하는 단서가 된다.

이런 조직에서는 실수해도 관계가 깨지지 않는다는 신뢰가 쌓인다. 심리적 안전감은 친절함이 아니라 구조의 결과다. 그 위에서 몰입과 협력, 책임감이 자연스럽게 살아난다.

부모자아 중심 조직은 통제와 수치심으로 굴러간다. 성인자아 중심 조직은 신뢰와 성장동기로 움직인다.

부모자아가 강한 리더는 현명해 보일 수 있다. 하지만 성인자아를 가진 리더만이 사람의 마음을 열고, 조직의 무의식을 정화하며, 지속 가능한 성장을 이끈다.

마음의 작동 원리:
의견 차이는 어떻게
감정 싸움이 되는가

우리가 싸우는 것은 상대방 때문이 아니라,
상대방 안에서 우리 자신의 그림자를 보기 때문이다.
―칼 융

우리는 종종 같은 문제로 싸운다. 부부 사이에서도, 직장에서도, 부모 자녀 사이에서도 비슷한 패턴이 반복된다. 사건은 다르지만 같은 구조다. 그래서 사람들은 지친다. 상대를 바꾸려 해 보지만 달라지지 않고, 자신을 바꾸려 해 보지만 또다시 같은 자리에 서 있다.

그런데 갈등의 구조를 가만히 들여다보면, 다른 지점이 보인다. 우리가 '갈등'이라고 부르는 것의 상당수는 사실 의견의 차이다. 의견이 다른 것은 자연스러운 일이다. 문제는 그 차이가 어느 순간 '상처'로 해석되기 시작할 때 발생한다. 다름 자체가 문제로 인식되는 것이다.

갈등의 원인을 자기 안에서 찾을 때, 싸움은 멈추고 이해가 시작된다.

의견 차이는 어떻게 감정 싸움이 되는가

1차 갈등: 의견은 다를 수 있다

소진 씨 부부는 거실 인테리어를 두고 이야기를 나누고 있었다. 남편이 벽 한쪽을 과감한 색으로 칠했다. 소진 씨 눈에는 그 색이 불편했다.

"나는 이 색이 좀 별로야."

"난 괜찮은데?"

여기까지는 갈등이 아니다. 취향이 다를 수 있다. 색은 다시 칠할 수도 있고, 시간이 지나면 적응될 수도 있다. 누가 옳고 그른 문제도 아니다. 이 단계에서는 관계가 위협받지 않는다.

사실 이 단계는 오히려 선물이다. 의견 차이를 통해 비로소 알게 되기 때문이다. '아, 이 사람은 이런 게 중요하구나.', '나는 이 부분에 민감하구나.' 우리가 상대를 안다고 생각하지만, 실제로는 내 생각으로만 보고 있는 경우가 얼마나 흔한가. 서로의 다름을 이해할 때, 우리는 상대를 그제서야 제대로 볼 수 있다.

그런데 이 과정을 건너뛰면, 상황은 급격히 달라진다.

전환점: 의견이 '사람에 대한 평가'로 바뀌는 순간

소진 씨의 마음속에서 상황에 대한 생각이 만들어지기 시작했다. '왜 저런 선택을 하지? 나한테 물어보지도 않고? 내 생각은 안중에도 없는 거잖아.'

이 순간, 초섬이 바뀐다. 벽에 칠한 '색깔'에서 '사람'으로. 의견의 차이가 의도의 문제로 넘어간다. 소진 씨는 이제 벽이 아니라 남편이란 사람을 보고 있다.

이 지점에서 갈등은 2차 갈등으로 넘어간다.

며칠 후, 비슷한 일이 직장에서도 벌어졌다.

팀 회의에서 소진 씨가 준비한 기획안에 대해 선배가 말했다. "이 방향은 조금 아닌 것 같아. 다시 생각해 봐야 할 것 같아." 밤새워 준비한 건데, 수고했단 말 한 마디 없었다.

틀린 말은 아니었다. 실제로 보완이 필요한 부분이 있었다. 그런데 소진 씨의 머릿속에서는 다른 문장이 떠올랐다.

'내가 부족하다는 거지. 다른 사람들 앞에서 깎아내리는 거잖아. 나를 만만하게 보는 거야. 어떻게 수고했단 말 한 마디 없지?'

선배의 말은 기획안에 대한 것이었다. 그러나 소진 씨의 마음은 이미 다른 지점으로 향해 있었다.

조직에서의 갈등은 보다 복잡한 층위를 갖는다. 권력, 관계, 입장, 이해관계가 배후에서 작용하기 때문이다. 그래서 상대의 말을 순수한 의견으로 듣지 못한다. 그 말 속에 담긴 함의를 해석하느라 머릿속이 복잡하게 돌아간다. '저 사람이 왜 저런 말을 했을까.', '나를 견제하는 건가.', '내 자리를 위협하는 건가.', '누구 편인 거지.'

그러한 해석의 많은 부분은 사실과 다르다. 그럼에도 그 해석은 마치 진실처럼 작용한다. 해석이 아닌 사실이라 믿기 때문이다.

두 장면은 전혀 다른 상황이지만, 마음이 작동하는 방식은 동일하다. 처음에는 단순히 의견이나 생각의 차이다. 그런데 어느 순간, 그것이 '나를 어떻게 보는가'의 문제로 바뀐다.

2차 갈등의 심층: 수치심이 건드려진다

2차 갈등의 깊은 곳에는 수치심이란 감정이 작용한다.

소진 씨가 거실 벽을 보며 떠올린 생각들이 있었다. '다른 사람들이 우리 집을 보면 어떻게 생각할까. 촌스럽다고 하지는 않을까. 나를 어떤 사람으로 보겠어? 이제 누구도 초대할 수 없겠어.'

회의실에서 선배의 말을 들으며 떠올린 생각들이 있었다. '팀원들이 나를 어떻게 볼까. 실력 없는 사람으로 찍히면 어떡하지. 내가 밀리는 건 아닐까. 자기도 제대로 못 하면서.'

두 장면 모두, 핵심에는 같은 감정이 있었다. 타인의 시선을 통해 자기를 평가하는 마음, 타인의 시선 속에서 자신이 작아지는 느낌. 중요하지 않은 사람으로 보일지 모른다는 두려움이 있었다.

우리는 종종 자존심이 상할 때가 있다. 누군가에게 비교당할 때, 내 가치가 존중받지 못한다고 느낄 때, 자존심에 상처를 받는다. 때로는 누군가 지나치며 한 말 한 마디, 눈빛 하나, 관심의 부족 같은 미묘한 신호에도 영향을 받는다.

자존심은 자기를 소중히 여기는 마음이다. 세상을 가치 있게 살아가는 커다란 힘이 된다. 그러나 자존심 아래로 수치심의 그림자가 드리울 때가 있다. 이때 자존심은 수치심이 겉으로 드러난 것이다. 빙산으로 비유하자면, 수면 위에 보이는 것이 자존심이고, 그 아래 거대하게 자리 잡고 있는 것이 수치심이다.

"왜 나를 무시해?", "왜 나를 중요하게 생각하지 않아?"

이 모든 말은 결국 '나는 충분히 존중받고 있는가'라는 질문으로 수렴된다. 그리고 이 질문의 뿌리는 대개 아주 오래전, 어린 시절까지 닿아 있다.

방어: 수치심을 느끼지 않기 위한 공격

수치심은 누구에게나 견디기 힘든 감정이다. 그래서 마음은 출구를 찾는다. 그 출구가 바로 타인에 대한 공격이 되곤 한다.

수치심이 건드려지면 그것을 방어하는 게 최우선 순위가 된다.

뇌에 긴급 상황의 불이 켜지는 것이다. 빠르게 상황을 판단해야 한다는 압박이 커지고, 확증편향이 작동한다. 상대의 말과 행동에서 내 해석을 뒷받침하는 증거만 보이기 시작한다.

가장 쉬운 방어는 타인에게 문제를 넘기는 것이다. '나는 괜찮고 당신이 문제다'라는 법칙이 작동한다. 나 대신 수치심을 경험할 희생양을 찾는 것이다.

소진 씨는 남편에게 말했다. "당신은 왜 이렇게 안목이 없어?", "맨날 건성으로 하니까 그렇지.", "생각이라는 걸 좀 해." 회의가 끝난 후에는 동료에게 말했다. "그 선배는 왜 저래? 꼭 사람 앞에서 망신을 줘야 직성이 풀리나 봐.", "그럴 거면 본인이 다 하지?"

이 말들은 의견처럼 들리지만, 실은 자기방어다. 수치심을 느끼지 않기 위해 상대의 가치를 깎아내리는 것이다. 내가 부족한 게 아니라 저 사람이 문제라고 규정하는 순간, 수치심은 내가 느껴야 할 감정에서 상대방 쪽으로 이동한다. 나도 모르게 자기를 보호하기 위해 타인을 공격하게 되는 것이다.

상처는 서로 주고받는다

반면 남편은 그 순간을 이렇게 경험했다. 나의 수고가 무시당했다. 나의 판단이 깎아내려졌다. 나의 존재가 공격당했다. 결국, 남편 역시 수치심을 느낀다.

그래서 남편의 반응도 방어적으로 변한다.

"그럼 당신이 하지 그랬어.", "처음부터 말해 줬어야지.", "그렇게 싫으면 바꾸면 되잖아."

이 말들은 남편에게는 자기보호의 언어다. 그러나 소진 씨의 귀에는 다르게 들렸다.

'역시 이 사람은 나를 무시해. 내 생각은 중요하지 않다는 거지. 제대로 하는 게 하나도 없어.'

이제 갈등은 벽 색깔의 문제에서 관계의 문제로 넘어간다.

직장에서도 마찬가지다. 소진 씨의 뒷담화가 선배 귀에 들어갔다. 선배도 상처를 받았다. 다음 회의에서 선배의 말투가 더 차가워졌다. 소진 씨는 확신했다. '역시 이 사람은 날 싫어해. 일부러 나를 힘들게 하는 거야.'

관계는 경직되고, 작은 의견 차이도 서로의 감정을 건드리는 불씨가 된다. 표면적인 생각의 차이 이면에서 심층적 갈등이 작동하고 있기 때문이다. 갈등 대화가 그토록 어려운 이유가 여기에 있다.

감정의 출처를 모르면, 책임은 전가된다

이런 과정에서 소진 씨의 마음속에 원망이 쌓인다. '당신 때문에 내가 이런 기분이 됐어.', '당신 때문에 내가 촌스러운 사람이 됐잖아.' '당신이 잘못했어. 당신이 바뀌어야 문제가 해결돼.'

감정의 출처가 자기 안에 있다는 사실을 모르면, 감정은 필연적으로 책임 전가로 흐른다. 그리고 책임 전가는 갈등을 반복시키는 강력한 연료가 된다.

사건은 매번 달라도 구조는 반복된다. 의견 차이가 생기고, 그것을 '나에 대한 태도'로 해석하고, 수치심이 건드려진다. 자기방어를 위해 공격하고, 상대도 상처받고 방어하는 과정에서 관계가 손상된다. 이 순환은 누군가 한 사람이 멈출 때까지 계속된다.

전환의 지점: 갈등은 여기서 멈출 수 있다

2차 갈등으로 번지기 전에, 작은 틈이 있다.

"아, 내가 지금 수치심을 느끼고 있구나.", "이건 저 사람 때문에 생긴 감정이 아니라, 내 안에 있던 무언가가 건드려진 거구나."

이러한 알아차림이 생기는 순간, 공격할 필요가 사라진다. 원인을 다르게 보면 해결 방안도 달라진다. 상대를 바꾸려는 시도 대신 본질적인 문제의 원인을 해결하는 관점이 열린다.

"왜 나는 이게 기분이 나쁠까?", "내가 진짜 두려워하는 것은 무엇일까?"

질문은 갈등의 경로를 바꿔 준다. 갈등은 이제 싸움이 아니라 자기를 이해하는 통로가 된다.

갈등의 원인을 자기 안에서 찾으면, 내 감정을 건드리는 것이 무엇인지 이해하게 된다. 그러면 감정이 한결 가라앉는다. 상황을 있는 그대로 볼 수 있게 된다. 성인자아의 기능이 회복되는 것이다. 비로소 차분하게 상대와 서로 다른 의견에 대해 대화할 수 있는 힘이 생긴다.

생산적 갈등과 파괴적 갈등

1차 갈등은 사실 선물이다. 그것을 통해 우리는 서로의 다름을 발견한다. 서로 다른 의견이 부딪히고, 그 과정에서 더 나은 결론에 도달한다. 이것은 생산적 갈등이다. 우리가 권장해야 할 갈등이다.

문제는 2차 갈등이다. 이 갈등은 소모적이다. 불필요하게 에너지를 낭비한다. 관계를 손상시키고 신뢰를 갉아먹는다. 이것은 파괴적 갈등이다. 멈춰야 할 갈등이다.

많은 경우, 파괴적 갈등이 두려워 생산적 갈등마저 회피하는 상황이 벌어진다. 아예 갈등이 일어날 상황을 만들지 않거나 피하는 것이다. 갈등 자체를 문제라고 여기고, 좋은 이야기만 하려 하는 것이다.

그러나 이러한 대화는 안전할지 몰라도, 장기적으로는 위험하다. 솔직한 대화가 일어나지 않기 때문이다. 싸우지는 않지만 그렇다고 신뢰의 관계도 아니다. 문제가 있어도 대화의 주제로 꺼내지 않고 미루게 되어 조직의 경쟁력을 깎아 버리기도 한다.

심리적 안전감은 좋은 대화만 하는 것이 아니다. 서로의 차이, 반대 의견을 공유하며 생산적인 결과를 만들어 내는 것이다. 그렇게 하기 위해서는 2차 갈등으로 번지지 않으면서 갈등 대화를 지속할 수 있는 역량이 필요하다. 성인자아로 대화를 주도할 수 있는 마음의 성숙이 필요하다.

의견이 다른 것은 자연스러운 일이다. 우리는 서로 취향이 다르고, 생각이 다르다. 같은 것을 보고도 다르게 해석하고 다른 감정을 느끼고, 다른 선택을 할 수 있다. 그것은 문제가 아니다. 오히려 서로를 알아가는 기회다. 서로의 다름이 모여서 더 나은 결과로 이끈다.

진짜 문제는 그 차이를 '태도'로 받아들이는 순간이다. 그 순간, 마음은 방어 모드로 전환되고 대화는 싸움이 된다. 타인은 이해의 대상이 아니라 문제가 되고, 관계는 전쟁터가 된다. 타인이 지옥이 된다.

1차 갈등을 선물로 받아들이고, 2차 갈등을 성숙하게 다룰 수 있을 때, 우리는 비로소 다름 속에서 함께 성장하는 관계를 만들어 간다.

기계에서
사람으로

기계는 거짓말을 하지 않는다. 입력한 대로 출력되고, 설계한 대로 작동한다. 정확하고, 예측 가능하고, 신뢰할 수 있다. 하지만 사람은 다르다. 같은 말을 해도 다르게 받아들이고, 같은 상황에서도 다르게 반응한다. 기계를 다루는 데 30년을 바친 사람에게, 사람은 가장 어려운 과제였다.

"제가 일은 정말 잘해요. 근데 사람은 모르겠어요."

황 부장은 그렇게 입을 열었다. 30년 넘게 한 분야를 파고든 그는 자타공인 최고의 설계 전문가였다. 기계처럼 정확했고, 신뢰할 만했다. 그러나 지금 그는 흔들리고 있었다. 실무에서 관리로 올라온 이후, 그는 전혀 다른 세계와 마주하게 되었다. 그 세계의 이름은 '사람'이었다.

도면에서 사람으로

"예전에는 내가 만든 도면 하나면 끝이었어요. 정확한 설계, 시간 안에 납품. 그게 전부였죠."

야근도 마다하지 않고, 커피로 버티며, 소주로 잠을 청하며 살아온 날들. 그 안에는 일에 대한 헌신과 열정, 자부심이 있었다. 하지만 부서장이 된 지금, 그는 더 이상 도면을 붙들 수 없었다. 대신 보고, 조율, 회의, 갈등, 감정. 전혀 낯선 업무들이 그의 책상에 올라왔다.

"일보다 사람이 더 힘들어요."

그의 한숨은 깊었다. 팀원은 말을 잘 듣지 않았고, 상사는 자꾸 관여했다. 새로운 시스템 속에서 그는 어정쩡한 위치에 서 있었다. 일은 넘쳐났고, 사람과 부딪히는 건 지쳐갔다.

"내가 직접 하면 훨씬 빨라요. 근데 맡기면 돌아오질 않아요. 결국 내가 다 하게 돼요."

기준이 무너질 때 올라오는 감정

황 부장은 기준이 분명한 사람이었다. 도면은 이렇게 그려야 하고, 일정은 이렇게 지켜야 하고, 말은 이렇게 해야 한다. 그 기준은 오랜 시간 쌓아 온 경험에서 나왔다. 그는 그 기준을 '당연한 것'이라 여겼다.

문제는 사람은 기계가 아니라는 것이다. 각자의 속도가 있고, 일하는 방식이 다르며, 생각도 다르다. 그건 황 부장에겐 참기 힘든 일이었다.

"짜증이 나요. 왜 이걸 이렇게 못 하지? 왜 이렇게 말이 안 통하지?"

짜증은 외부 상황 때문이 아니라, 자신이 소중히 여기는 내면의 가치가 위협받고 있다는 신호다. 내가 옳다고 믿는 방식이 받아들여지지 않을 때, 기대했던 모습과 현실 사이의 간극이 커질 때, 마음은 그 불편함을 견디지 못하고 감정으로 표출한다.

나는 물었다.

"짜증이 올라올 때, 어떤 생각이 드세요?"

그는 잠시 생각하다 말했다.

"'내가 무시당하고 있다'는 생각이요. '내 방식이 틀렸다고 하는 건가' 싶기도 하고요."

짜증의 뿌리에는 자존심이 있었다. 30년간 쌓아온 전문성에 대한 자부심. '나는 아는 사람이다'라는 믿음. 그것에 도전 받을 때 참기 힘든 감정이 올라왔다.

감정을 이해하는 연습

황 부장이 가장 힘들어했던 관계는 상사였다. 기술자로서의 자존심이 강했던 그는, 세세하게 간섭하고 지시하는 상사를 받아들이기 힘들었다. 이전 상사는 기술을 존중해 줬다. 하지만 새로 부임한 상사는 달랐다. 선진 시스템을 도입하려는 계획이 있었고, 기존 업무에 깊이 관여했다.

회의 도중, 상사가 팀원에게 직접 지시를 내렸다. 황 부장이 이미 다른 방향으로 정리해 둔 일이었다. 그는 순간 얼어붙었다. 자기 말이 뒤집히고, 팀원 앞에서 권위가 무너지는 느낌이었다. 억눌린 감정은 결국, 짜증 섞인 목소리로 터져 나왔다.

그는 자기 감정에 대해 의문을 갖지 않고 있었다. 짜증나고 화나는 것은 당연하다고 여겼다. 자기가 옳다는 믿음이 전제된 화는 오히려 정의로웠다. 자기를 무시하는 상사가 문제였다. 제대로 돌아가지 않는 상황이 문제였다.

대화를 나누며 자기의 감정에 생각이 있다는 사실을 이해하자 그는 놀라워했다. 자기 감정이 당연할 수 있지만, 생각이 다르면 다른 감정을 느낄 수 있다는 사실을 신선하게 받아들였다.

"짜증은 나의 문제라는 걸 인정하는 데 시간이 좀 걸렸어요. 처음엔 무시 받는다고만 생각했는데, 이젠 생각해요. '이 상황에서 내가 화나는 이유는 뭘까?'"

그는 훈련을 시작했다. 감정이 올라오면 자리에서 일어나 바람을 쐬고, 가능하면 직접 말하지 않고 글로 정리했다. 조금씩, 감정의 파도가 낮아졌다.

"짜증을 참는 게 아니라, 짜증을 이해하게 됐어요."

감정 조절은 감정을 억누르는 것이 아니라 이해하는 것이다. 억눌린 감정은 용수철처럼 다시 튀어오르기 마련이다. 하지만 왜 이 감정이 올라오는지, 내 안의 어떤 가치가 위협받고 있는지 알아차릴 때, 감정은 더 이상 나를 휘두르지 못한다. 무시받았다는 생각이 짜증을 일으켰구나, 하고 이해하게 되면 커다란 파도가 잦아들 듯 감정의 강도가 줄어든다.

상대의 입장이 보이기 시작할 때

시간이 흐르면서 황 부장은 상사를 다른 눈으로 보기 시작했다. 시장의 변화, 잦은 이직률, 불안정한 조직 구조. 그 속에서 신임 상사는 '모두를 직접 챙겨야 한다'는 강한 의무감을 가지고 있었다는 생각이 들었다.

"그 사람도 힘들었겠구나."

자기 마음을 이해하는 힘이 커지자 상대의 입장을 이해하는 수용력이 커졌다. 상사도 나처럼 걱정과 불안 속에 있었다. 상사도 나처럼 인정과 존중을 바라고 있었다. 상사도 나처럼 권위에 도전받으며 자존심에 상처를 받았다. 생각이 여기에 미치자 미안한 마음이 들었다. 자존심을 지키기 위해 내 입장만 보고, 더 큰 관점에서 보지 못했던 자신이 부끄러워졌다. 내 생각이 틀릴 수도 있겠다는 자각이 들며 그간의 갈등이 주마등처럼 스쳐갔다.

"내가 기술자가 아닌 리더로 성장하려면, 내 방식만 고집할 수는 없구나."

그는 처음으로 자기 생각의 틀을 내려놓기 시작했다. 작은 시도를 통해 관계를 새롭게 쌓아갔다. 먼저 말을 걸고, 이메일 대신 직접 얼굴을 마주하고 이야기했다. 때로는 상사의 결정에 조용히 고개를 끄덕였다.

"예전엔 상상도 못 했어요. 내가 먼저 말을 걸다니."

관계의 변화는 언제나 나로부터 시작된다. 상대를 바라보는 나의 시선이 바뀔 때, 관계도 함께 바뀌기 시작한다. 상대의 입장이 이해되기 시작하면, 그동안 보이지 않던 새로운 관점이 열린다. 오해와 착각이 걷히고, 진실과 소통할 수 있게 된다.

설득에서 이해로

황 부장은 완벽주의자였다. 자신의 기술을 자랑하진 않았지만, 자부심이 강했다. 그래서 팀원들이 허술하게 일하면 참을 수 없었다. 결국 다시, 본인이 그 일을 가져왔다.

"예전엔 내가 늦게까지 일하는 걸 당연하게 여겼어요. 근데 이제는 내가 했던 방식을 팀원에게 기대할 수 없다는 걸 알게 됐어요."

이제 그는 팀원들에게 기준을 설명하되, 다르게 접근한다.

"이건 내가 맞다고 믿는 방식이야. 근데 너는 어떻게 생각해?"

리더십은 자신의 기준을 관철시키는 것이 아니라, 서로 다른 기준을 조율해 가는 과정이다. 내 방식이 옳다고 믿더라도, 상대의 방식을 먼저 이해하려 할 때 진정한 협력이 시작된다.

사람이라는 새로운 배움

"예전엔 그냥 나답게만 살고 싶었어요. 근데 이젠 나도 변해야 한다는 걸 느껴요."

짜증은 좌절된 욕구를 알려 주는 신호다. 갈등은 관계를 바꾸는 기회다. 나와 다른 사람은 내가 배워야 할 대상이다.

황 부장은 여전히 배우는 중이다. 기술자로서 완벽했던 그가, 이제는 사람을 배우며 '좋은 리더'로의 설계도를 그려 나가고 있다.

"사람은 어렵지만, 배울 수 있어요. 기계를 배웠듯이, 사람도 알아갈 수 있을 것 같아요."

그의 눈빛에는 30년 기술자의 뚝심과 함께, 새로운 도전 앞에 선 설렘이 담겨 있었다.

바꾸려 하지 않을 때 바뀌는 것들

"저는 언제쯤 되면 바뀔 수 있을까요?"

코칭 현장에서 종종 듣는 질문이다. 사람들은 이미 충분히 노력했다. 많은 책을 읽고, 강의를 듣고, 마음을 다잡고, 깨달음을 얻기도 했다. 그런데 돌아보면 자신은 늘 비슷한 자리를 배회하는 것 같다.

그래서 우리는 쉽게 결론을 내린다. '난 의지가 약해.', '아직 수련이 부족해.', '나에게 맞는 방법을 아직 못 찾았어.', '나는 원래

이런 사람이야.', '사람은 바뀌지 않아.'

하지만 내면을 조금만 깊이 들여다보면, 전혀 다른 장면이 보인다.

바꾸려는 마음의 정체

우리가 "바뀌고 싶다."고 말할 때, 그 말의 밑바닥에는 종종 이런 전제가 깔려 있다.

'지금의 나는 잘못됐다. 이 상태로는 부족하다. 그래서 빨리 고쳐야 한다.'

겉으로 보면 건강한 성장 욕구처럼 보이지만, 내면에서는 자기 자신을 부정하는 메시지가 먼저 작동한다.

이때 마음속에서는 이런 일이 일어난다. 부모자아가 등장해 "왜 아직도 이 모양이냐.", "언제까지 그러고 살래?"라고 재촉한다. 내면아이는 "나도 할 만큼 했어."하고 반발하거나 "나는 또 안 되는구나."라는 자책과 수치심 속으로 숨어든다. 성인자아는 설 자리를 잃는다.

의식의 방

프롤로그에서 우리는 의식의 방을 만났다. 지금 이 순간, 그 방의 중심에는 누가 서 있는가?

바꾸려 하지 않을 때 바뀌는 깃들

상처받은 내면아이가 웅크리고 있다면, 세상은 위협으로 가득 차 보인다. 비판하는 부모자아가 서 있다면, 모든 것이 부족하고 잘못되어 보인다. 두 자아가 서로 싸우고 있다면, 마음은 혼란 속에서 지쳐간다.

그러나 성인자아가 중심에 설 때, 의식의 방에는 고요한 질서가 찾아온다. 내면아이의 두려움을 알아주고, 부모자아의 목소리를 인식하되 거리를 둘 수 있게 된다. 힘으로 통제하지 않아도 마음이 제자리를 찾는다.

일상으로 돌아오기

이번 주, 변화를 삶에 정착시켜 보세요.

① 여정 돌아보기

지난 5주간의 여정에서 가장 기억에 남는 순간은 언제였나요?
그 순간, 나에게 어떤 변화가 일어났나요?

② 달라진 나 발견하기

예전의 나와 지금의 나, 무엇이 달라졌나요?

감정을 대하는 방식: ....

생각을 바라보는 방식: ....

관계에서의 반응: ....

③ 나만의 성장 문장 만들기

이 여정을 통해 깨달은 것을 한 문장으로 표현한다면?

"나는 ＿＿＿＿＿＿＿＿＿＿＿＿＿＿＿＿＿＿＿＿＿＿＿＿＿＿＿＿＿"

④ 일상 속 실천 약속

앞으로 일상에서 지켜가고 싶은 작은 습관이 있다면?

- ☐ 감정이 올라올 때 3초 멈추기
- ☐ 하루 한 번, 내 감정에 이름 붙이기
- ☐ 자기비판이 올라올 때 "그럴 수 있어." 말해 주기
- ☐ 일주일에 한 번, 나를 위한 시간 갖기
- ☐ 나만의 약속:

가디언의 질문

"나는 이제 어떤 삶을 선택할 것인가?"

마음의 작동을 이해하는 한 장의 지도

이 책에 등장하는 사람들의 이야기는 제각각 다릅니다. 직장에서의 갈등, 가족 안에서의 서운함, 관계 속에서 반복되는 좌절, 그리고 "왜 나는 늘 여기서 멈출까."라는 질문까지.

겉으로 보면 서로 다른 문제처럼 보이지만, 조금 더 깊이 들여다보면 이 이야기들은 모두 하나의 구조를 공유하고 있습니다. 그 구조를 한 장의 그림으로 압축한 것이 바로 이 페이지입니다.

다음 그림은 문제를 설명하기 위한 이론이 아닙니다. 우리가 매일 경험하는 마음의 실제 작동 방식을 보여 주는 지도입니다.

이 책의 심리학적 뿌리

마음의 작동을 이해하는 한 장의 지도

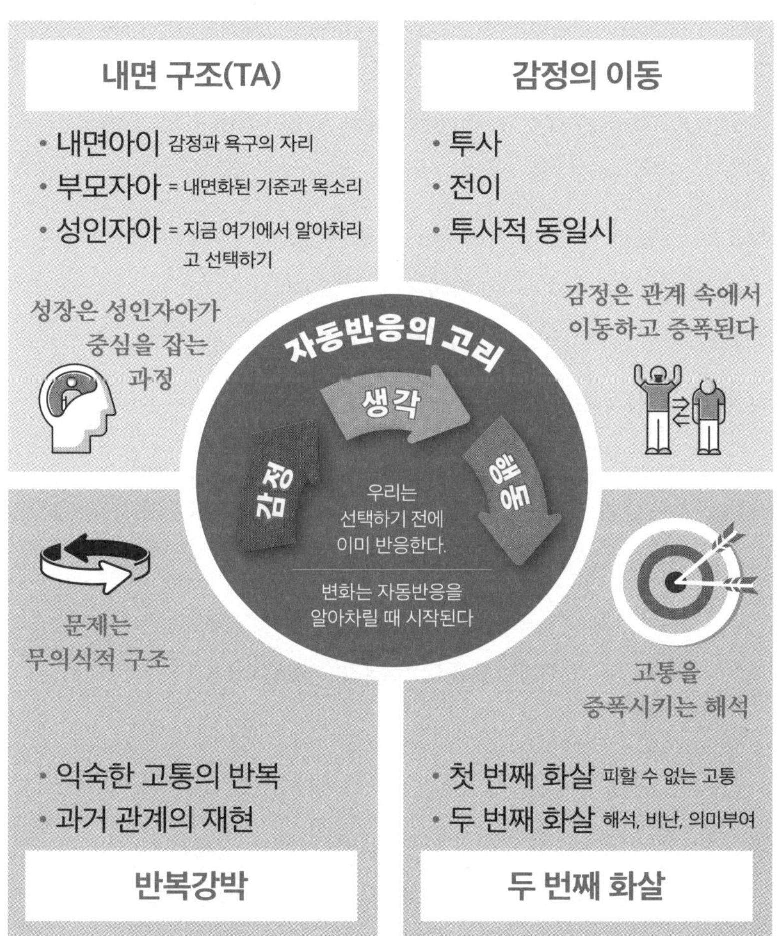

애쓰기를 멈출 때 바뀌는 것들

마음의 구조를 이해할 때 자연스럽게 일어나는 변화

우리는 선택하기 전에 이미 반응하고 있습니다

사람은 흔히 자신이 생각하고 선택한 뒤 행동한다고 믿습니다. 그러나 실제로는 그 반대인 경우가 훨씬 많습니다.

어떤 말에 순간적으로 욱하고, 어떤 상황 앞에서 이유 없이 움츠러들고, 알면서도 같은 선택을 반복하게 되는 이유는 우리가 의식적으로 판단하기 전에 이미 자동으로 반응하고 있기 때문입니다.

이 책에서는 그것을 '자동반응의 고리'라고 부릅니다.

감정이 먼저 올라오고, 그 감정을 해석하는 생각이 붙고, 그 생각에 따라 행동이 이어집니다.

이 과정은 너무 빠르게 일어나기 때문에 우리는 흔히 "그냥 그랬다.", "순간이었다.", "나도 모르게."라고 말합니다. 하지만 바로 그 지점이, 변화가 멈추는 자리이기도 합니다.

문제는 행동이 아니라 구조입니다

변화는 수많은 작은 행동을 고치는 데서 시작됩니다. 말을 고치고, 태도를 바꾸고, 감정을 다스리려 합니다.

하지만 마음의 구조가 그대로인 상태에서 행동만 바꾸려 하면 변화는 오래가지 않습니다. 억지로 참거나, 잠시 잘해내다가 다시 원래의 자리로 돌아오게 됩니다.

이 책이 말하는 변화는 다릅니다. 행동을 바꾸기 전에, 자동으로 반응하고 있던 자리를 알아차리는 것에서 출발합니다.

그래서 변화는 '더 노력하는 것'이 아니라 '덜 자동적으로 반응하는 것'에서 시작됩니다.

내면 구조: 세 가지 자아의 역동

이 자동반응의 배경에는 우리 안에 공존하는 세 가지 자아가 있습니다.

내면아이는 감정과 욕구의 자리입니다. 두려움, 수치심, 인정받고 싶은 마음이 여기서 올라옵니다.

부모자아는 비난과 통제의 자리입니다. "이래야 한다.", "그러면 안 된다."는 목소리가 여기서 작동합니다.

성인자아는 지금 여기의 현실을 바라보고 선택하는 자리입니다. 감정과 사실을 구분하고, 반응 대신 선택을 가능하게 합니다.

문제는 내면아이나 부모자아가 나쁘기 때문이 아닙니다. 성인자아가 중심을 잡지 못할 때, 이 둘이 자동으로 앞에 나서며 삶을 이끌게 되는 것이 문제입니다.

성장은 새로운 사람이 되는 것이 아니라, 성인자아가 중심을 회복하는 과정입니다.

감정은 고정되지 않고 이동합니다

이 책에 등장하는 갈등의 많은 부분은 사실이 어떠한가의 문제가 아니라, 감정이 어디로 흘러가는가의 문제입니다.

투사, 전이, 투사적 동일시는 '상대가 문제여서' 일어나는 현상이 아닙니다. 내 안에서 다루어지지 못한 감정이 관계 속 다른 대상에게 옮겨가는 과정입니다.

그래서 우리는 종종 지금의 사람에게 과거의 감정을 느끼고, 현재의 상황에서 오래전 상처로 반응합니다.

이 구조를 이해하지 못하면 문제는 사람을 바꿔가며 반복됩니다. 이해하면, 반복은 멈추기 시작합니다.

반복강박과 두 번째 화살

우리는 익숙한 고통을 반복하는 경향이 있습니다. 이것은 의지가 약해서가 아니라, 무의식의 구조가 여전히 작동하고 있기 때문입니다. 반복강박은 과거에 해결하지 못한 과제를 다시 풀어 보려는 마음의 전략입니다. 그 원인을 이해하고 풀어 낼 수 있을 때, 반복은 자연스럽게 설 자리를 잃습니다.

첫 번째 화살은 피할 수 없는 삶의 사건입니다. 두 번째 화살은 그 사건에 대한 해석, 자기비난, 의미 부여입니다. 이 화살은 우리가 선택하지 않아도 자동으로 발사됩니다.

이 책에서 다루는 변화는 첫 번째 화살을 없애는 것이 아니라, 두 번째 화살을 맞지 않는 힘을 기르는 과정입니다.

바꾸려 하지 않을 때 바뀌는 것들

이 말은 역설처럼 들릴 수 있습니다. 그러나 마음의 구조를 이해하면, 이 문장은 진실이 됩니다.

우리는 자기를 바꾸려고 애쓸수록 오히려 더 단단하게 저항하게 됩니다. 이해받지 못한 마음은, 이해받을 때까지 신호를 보내기 때문입니다.

자기를 통제하는 대신 이해하기 시작할 때, 회피하거나 억누르는 대신 관계를 맺기 시작할 때, 마음은 스스로 풀리기 시작합니다.

이 한 장의 지도는 그 변화를 가능하게 하는 출발점입니다.

이 책의 모든 이야기는 결국 이 구조로 다시 돌아옵니다.

다시 흔들리는 순간이 왔을 때, 혹은 멈추고 싶은 순간에 이 한 장을 펼쳐 보시기 바랍니다.

"지금 나는 자동으로 반응하고 있는가?"
"어떤 자아가 앞에 서 있는가?"
"지금 필요한 것은 통제인가, 이해인가?"

이 질문을 스스로에게 던질 수 있다면, 이미 변화는 시작된 것입니다.

감정이 건네는 말

다섯 가지 감정이 알려 주는 마음의 진실

우리는 감정을 피하려고 합니다. 하지만 감정은 피해야 할 불청객이 아니라, 지금 나에게 꼭 필요한 말을 건네는 내부의 언어입니다.

우리가 감정 때문에 힘들어지는 가장 큰 이유는 감정이 잘못되었기 때문이 아니라, 그 감정이 무엇을 말하고 있는지 모르기 때문입니다.

수치심은 나의 취약함을, 우울감은 나의 지친 마음을, 질투는 나의 갈망을, 불안은 나의 안전 욕구를, 분노는 나의 경계를 알려 줍니다.

감정은 모두 다르지만, 공통적으로 메시지를 전합니다. '나를 좀 더 깊이 들여다봐 달라.'는 신호입니다. 감정을 억누르면 고통은 더 커지고, 감정이 무엇을 말하고 있는지 이해하면 그 감정은 내 삶을 안내하는 나침반이 됩니다.

이 페이지는 다섯 가지 감정을 잠시 멈춰 바라볼 수 있는 작은 쉼표입니다. 당신의 마음을 꾸짖거나 평가하는 공간이 아니라, 진짜 나를 만나고 돌보는 문을 여는 공간입니다.

감정을 없애려 하지 마세요. 그 감정이 나에게 건네는 메시지를 듣는 것, 그것이 감정과 친해지는 첫걸음입니다.

① 수치심 — 나는 문제 있는 사람일지도 몰라

수치심은 '나에게 뭔가 결함이 있다'고 느낄 때 올라오는 감정입니다. 그래서 사람들은 수치심을 숨기고, 침묵하고, 축소합니다. 자기의 취약성이나 상처를 말하기 어렵고, 타인의 시선을 과도하게 신경 쓰게 됩니다. 그러나 수치심을 말하기 시작하는 순간, 치유는 시작됩니다. 수치심이 더 이상 나를 가두지 못하게 됩니다.

숨은 메시지: 나는 사랑받고 싶다.

알아차림 문장: 이건 사실이 아니라, 오래된 믿음일 뿐이다.

자기 돌봄 문장: 나는 결함이 아니라, 상처를 가진 사람일 뿐이다. 나는 사랑받을 가치가 있는 사람이다.

내면 질문: 내가 두려워하는 건 '사건'일까, 아니면 '나에 대한 평가'일까?

② 우울감 — 힘을 잃어버린 마음

우울감은 감정이 사라진 게 아니라, 너무 오래 지쳐 마음이 에너지를 잃은 상태입니다. 스스로 아무것도 느끼지 못하는 것 같아도, 그 안에는 낮은 열의 고통이 있습니다. 무기력은 게으름이 아니라 '마음의 과부하'에서 비롯됩니다.

숨은 메시지: 나는 너무 오래 혼자였다.

알아차림 문장: 나는 지금 지친 것이다. 고장 난 것이 아니다.

자기 돌봄 문장: 천천히 가도 괜찮다. 쉬어 갈 권리가 나에게 있다.

내면 질문: 지금 이 순간, 나에게 허락할 수 있는 작은 휴식은 무
엇일까?

③ 질투 — 내가 원하는 것을 보여 주는 감정

질투는 나쁜 감정이 아니라, 내가 무엇을 갈망하는지 알려 주는
나침반입니다. 비교에서 오는 아픔, 인정받고 싶은 마음이 질투로
변합니다. 질투를 느끼는 사람이 부족한 것이 아니라, 그만큼 바
라던 마음이 컸다는 증거입니다.

숨은 메시지: 나도 저 자리에 가고 싶다.

알아차림 문장: 질투가 아니라, 내가 원하는 것을 알려 주는 신호
구나.

자기 돌봄 문장: 부러움은 나의 가능성을 비추는 거울이다. 나도
성장하고 있다.

내면 질문: 질투가 말해 주는 '내 진짜 욕구'는 무엇일까?

④ 불안 — 미리 고통을 상상하는 마음

불안은 위험을 알려 주는 경보장치지만, 현실이 아니라 '상상한
미래'에 반응할 때 고통이 커집니다.

숨은 메시지: 무언가 잘못될 것 같다.

알아차림 문장: 나는 지금, 이 순간에는 괜찮다.

자기 돌봄 문장: 미래는 아직 오지 않았다. 작은 한 걸음이면 충
분하다.

내면 질문: 지금 이 순간, 내가 안전하다는 증거는 무엇이 있을까?

⑤ 분노 — 경계선을 세우라는 신호

분노는 위험한 감정이 아니라, 부당함과 침해에 대한 마음의 경고입니다. 참고 넘어가면 억울함과 원망으로 변하고, 제대로 표현하면 나를 지키는 힘이 됩니다.

숨은 메시지: 이건 참을 일이 아니다.

알아차림 문장: 나는 상처받았구나.

자기 돌봄 문장: 경계를 세우는 건 싸움이 아니라 자기 보호이다.

나는 나를 지킬 권리가 있다.

내면 질문: 이 분노 아래 숨겨진 상처는 무엇일까?

변화는 어디서
시작되는가

변화는 어디서 시작될까요. 의외로 '바꾸려는 시도'를 내려놓는 순간입니다.

"아, 내가 이걸 두려워하고 있었구나.", "그래서 이렇게 반응했구나.", "그럴 수 있었겠다."

자기 내면의 본질을 이해하는 순간, 마음속에서 중요한 전환이 일어납니다. 내면아이는 처음으로 안전하다고 느끼고, 부모자아는 개입을 멈추며, 성인자아가 조용히 의식의 방 중심에 자리를 잡습니다. 우리 내면에 질서가 잡힙니다.

두려움이 사라져서 변화가 일어나는 게 아닙니다. 두려움이 이해되었기 때문에 더 이상 나를 끌고 가지 못하는 것입니다. 사랑과 신뢰, 안정감은 새로 만들어진 것이 아닙니다. 두려움이 걷힌 자리에 원래 있던 본성이 드러나는 것입니다.

회복의 공간

드라마 〈나의 아저씨〉에는 '정희네 집'이라는 공간이 등장합니다. 작은 술집이자, 동네 사람들이 모이는 장소입니다. 그곳에 모인 이들은 각자의 성공과 실패, 상처와 좌절을 안고 살아가는 평범한 사람들입니다.

하지만 그 공간에는 평가도, 낙인도, 손가락질도 없습니다. 못난 모습을 드러내도 거부하지 않고, 상처를 말해도 문제되지 않습니다. 그들은 그곳에서 서로의 아픔을 알아줍니다. 함께 울고 함께 웃습니다. 그 힘으로 다시 오늘을 살아갈 자존감을 회복합니다.

이 책이 당신에게 그런 공간이 되었기를 바랍니다. 이 이야기들 속에서 자신의 한 부분을 발견하셨기를 바랍니다. 억눌러 두었던 감정의 실체를 만나고, 삶의 고통을 만들어 온 마음의 패턴을 알아차리며, 원래 있던 순수한 나를 만나셨기를 바랍니다.

이 책을 읽는 과정이 하나의 심리적 비전 퀘스트가 되었기를 바랍니다. 이제 당신은 그 여정을 마쳤습니다. 당신의 삶이 조금 더 가벼워지고, 성인자아가 중심을 잡아가기를 진심으로 바랍니다.

사랑 이후의 사랑(Love After Love)

그럴 때가 올 거예요
벅찬 기쁨으로,

자신의 집 현관에서,

자신의 거울 앞에서,

당신이

당신 자신을 반겨 맞는 때가

당신과 당신은 서로를 반기며

미소 지을 거예요

그리고 말할 거예요

"여기 앉아 편히 쉬어요."

당신은 당신 자신이었던

낯선 이를

다시 사랑하게 될 거예요

좋은 와인과 빵을 대접하세요

당신의 마음을 되돌려 주세요

그에게,

당신을 평생 사랑해 온

그 낯선 이에게

당신이 다른 이를 사랑하느라

그를 무시했어도,

그는 가슴 깊이

당신을 알고 있었지요

선반에서 사랑의 편지를 꺼내세요

사진들과, 절박했던 메모들을.

거울에 비친 자신의 이미지를 벗겨 보세요

여기 앉아,

당신 인생의 축제를

마음껏 즐겨 보세요

- 데릭 월컷(Derek Walcott), 노벨문학상 수상 시인

우리 삶의 모든 조각은 버릴 것이 하나도 없었습니다.

참고문헌

애쓰기를 멈출 때 바뀌는 것들

초판 1쇄 인쇄 2026년 3월 18일
초판 1쇄 발행 2026년 3월 20일

지은이   조남철
발행인   안유석
편집   하나래
디자인   이유진
펴낸곳   처음북스
출판등록 2011년 1월 12일 제2011-000009호
주소   서울특별시 강남구 강남대로 374 스파크플러스 강남 6호점 B219호
전화   070-7018-8887
팩스   02-6280-3032
이메일   cheombooks@cheom.net
홈페이지 www.cheombooks.net
인스타그램 @cheombooks
페이스북 @cheombooks
ISBN 979-11-7022-320-7 (03180)